U0533517

国家出版基金项目
NATIONAL PUBLICATION FOUNDATION

"十三五"国家重点图书出版规划项目

陈支平 主编

台湾通史

[第二卷]

明郑时期

陈启钟 著

海峡出版发行集团
福建人民出版社

本书由闽南师范大学策划并组织撰写

出 版 说 明

这部六卷本《台湾通史》，是由海峡两岸学者通力合作、共同完成的全景式展示台湾从远古到现代的通史性著作。

全书梳理、展现了我国台湾地区政治、经济、社会、文化等各个方面的历史进程，上起距今约5万～3万年前的台湾史前文化时期，下至21世纪初期的当代台湾，分为六卷：第一卷，上古至明代；第二卷，明郑时期；第三卷，清代（上）；第四卷，清代（下）；第五卷，日本殖民统治时期；第六卷，现代。

由于书稿涉及方方面面的史料，时间跨度大，内容复杂，因此在使用和处理过程中可能会存在一些不妥之处，希望读者提出宝贵意见，以便今后再版时修订。

目 录

第一章 郑芝龙海上势力的形成与扩张 …………（1）
- 第一节 颜思齐的入台 ……………………………（1）
- 第二节 郑芝龙的兴起与改盗为官 ………………（5）
- 第三节 郑芝龙与南明的合分 ……………………（14）

第二章 郑成功的抗清与收复台湾 ………………（22）
- 第一节 郑成功抗清与郑清和议 …………………（22）
- 第二节 南京之役 …………………………………（43）
- 第三节 驱荷复台 …………………………………（52）

第三章 东宁王朝与明郑政权的败亡 ……………（62）
- 第一节 东宁王朝与清朝的战和 …………………（62）
- 第二节 三藩之乱与明郑的反攻 …………………（72）
- 第三节 明郑政权的败亡 …………………………（87）

第四章　明郑时期台湾的政军制度与社会教化 …………（95）
第一节　行政制度与地方规划 ……………………（95）
第二节　兵镇组织的发展 …………………………（100）
第三节　军事制度 …………………………………（112）
一、军队编制 ……………………………………（112）
二、军官品阶 ……………………………………（114）
三、军官任用 ……………………………………（115）
四、升迁惩罚 ……………………………………（116）
五、军队的作战指挥、装备与操练 ……………（117）
六、监察系统 ……………………………………（118）
第四节　儒学教育与遗民文化 ……………………（120）
第五节　寓贤对台湾的影响 ………………………（130）
一、陈永华 ………………………………………（131）
二、沈光文 ………………………………………（134）
第六节　宗教与信仰 ………………………………（137）

第五章　明郑时期台湾的土地开发与汉番关系 ………（144）
第一节　明中后期的商盗移民 ……………………（144）
第二节　明郑时期的土地开发与生产发展 ………（149）
一、明郑官方垦辟 ………………………………（149）
二、民间开发 ……………………………………（174）
三、水利建设 ……………………………………（183）
第三节　明郑时期的作物与土地制度 ……………（187）
第四节　移民与社会结构 …………………………（194）
第五节　汉番关系 …………………………………（201）

第六章　明郑时期台湾与日本等的贸易 ………………（205）
第一节　贸易组织 …………………………………（205）
第二节　与日本的贸易 ……………………………（210）
第三节　与东南亚的贸易 …………………………（214）
第四节　与英国的贸易 ……………………………（217）

后　记 ……………………………………………………（224）

第一章
郑芝龙海上势力的形成与扩张

第一节 颜思齐的入台

郑成功收复台湾之前,中国历代政府就已先后在台湾建立行政机构。公元 12 世纪中叶,宋朝政府已派兵驻守澎湖,将该地区划归福建泉州晋江县管辖。宋人赵汝适《诸蕃志》称:"泉有海岛曰澎湖,隶晋江县。"[①] 元朝政府在澎湖设置行政管理机构巡检司。明朝政府于 16 世纪中后期,恢复了一度废止的巡检司,并为防御外敌侵犯,增兵澎湖。在漫长的岁月里,中国保持着对台湾的管辖权。

---

① 赵汝适著,冯承钧校注:《诸蕃志校注》卷上,中华书局 1956 年版,第 84 页。

历史上，中国各族人民长期保持着与台湾的频繁往来。三国时吴人沈莹在《临海水土志》中载有中国人民开发台湾的情形，三国孙吴政权和隋朝政府也都曾先后派万余人赴台。嘉靖末年，被视为倭寇党羽的林道乾遭到总督俞大猷的追剿逃到台湾，虽很快就困走占城，[①] 但也吸引了一批大陆渔民和商人前往台湾进行交易。

世界贸易体系的形成，与欧洲地理大发现关系至深。在地理大发现和新航路开辟后，葡西两国率风气之先，利用新航路到达亚洲东方进行贸易，并侵占中国澳门、菲律宾等据点而大发贸易财。荷兰为了在东西方贸易竞争中能后来居上，除了占领巴达维亚作为贸易基地外，甚至不惜进攻澳门。但由于葡萄牙在该地拥有大炮及坚固的军事设施，此次攻击行动以失败告终。目的没有达成，荷兰并未因此放弃，而是转而侵扰闽南地区，最后在官军的驱逐下窜进台湾，实行殖民统治。

西方各国陆续到东方贸易及对中国的侵扰，不仅使明朝政府重新开始重视澎湖的军事地位，在此增设游兵，而且也更刺激了中国东南沿海长久以来的海上私人贸易，"海盗"问题再次浮现。在这些驰骋海上的亦盗亦商者中，颜思齐、郑芝龙等人促进了中国人有规模地移居、开辟台湾。

根据崇祯三年（1630年）兵部尚书梁廷栋的奏折，福建海盗兴起、猖獗的原因在于：福建地瘠民贫，特别是漳泉两府，有十余万人以海为生，习惯借由海洋进行贸易。然而，自从荷兰侵扰沿岸后，米价腾贵，同时荷兰入侵使商船无法出海，人民违令出海亦使朝廷的海禁政策趋于严厉，生活无着者只好转而为"贼"。

不仅如此，由于承平日久，武备不修，福建虽有大大小小的

---

① 李元春：《台湾志略》卷一，见"台湾文献丛刊"第18种，台北：台湾银行1958年版。

兵船，汛地亦有春秋之防，但是所造之船却不堪使用，士兵弱不能战，一旦有事，只知欺上瞒下，这使得起事者更加无所顾惮。另外，由于"海贼"多依附于西方势力，如郑芝龙的船只、火炮多来自国外，加上党羽众多，官方无能为力，致使海上制御权尽归其手。

在这种积弊难振、残局难收的情况下，官方只好祭出招抚的手段。

至于招抚不能奏效、"海贼"无法扑灭的原因，梁廷栋认为，接受招抚者每每苦于相关法令的督察责罚，以及贪弁势豪的勒索，因而极为愤怒。例如，当郑芝龙在就抚之后，当事者如果能够诚心以待，借助他的人船、器炮来剿捕余众，就能使归顺朝廷之人更加安定，也能够早日平息"海贼"。地方官员却因为其就抚身份而轻视他，趁机要挟苛求，令他剿捕"海贼"，却不给薪饷，[①]并让他苦于点阅，导致李魁奇趁机劫掠他的船炮叛离。从此以后，"海贼"活动更加频繁。

在这样的背景下，台湾本岛逐渐进入沿海人民的视野中。天启初年，颜思齐入台，以台湾作为进行海上商盗贸易的根据地，郑芝龙等人亦随之而来。

籍隶海澄县的颜思齐，字振泉，三十六岁那年，在家乡不堪势家的凌辱而殴杀其奴仆，为了避免被捕，从月港搭船逃到日本平户以缝工为生，后来转而从事港口贸易。经过数年努力，他不但积累了为数可观的财富，也由于广交朋友，能够仗义疏财，深

---

① 为了解决兵饷自筹的问题，郑芝龙勒令富民助饷，名曰"报水"。参见光绪《漳州府志选录·志事》，见"台湾文献丛刊"第232种，台北：台湾银行1967年版。

得当地华商的信赖与依靠，因而当上了管理在日汉人的领袖——甲螺。①

当时，执掌日本国政的德川幕府文恬武嬉，兵防怠弛，颜思齐认为有机可乘，想要集结众人一举推翻该政权。于是在杨天生的帮助下，他开始游说李德、洪升、陈衷纪、郑芝龙等二十六位豪杰之士加入阵营，②众人并于住所焚香备礼禀告天地。仪式结束时，除了烧化纸钱，众人还拜颜思齐为盟主，并依照年龄大小排行，互相结为兄弟，郑芝龙因为年纪最小，成为众人之弟。颜思齐等决定在八月十五日早晨起事。然而，在一切准备就绪后，事情却意外被酒醉的李英向日本妻子王氏泄露，王氏兄六平赶紧向幕府报告，日方出兵擒拿，并调派将领前往炮台严守，放炮攻打中国船。③颜思齐等人眼见事情败露，便率众分乘十三艘帆船航行海上，推翻德川幕府一事以失败收场。④

颜思齐本想前往舟山，但是陈衷纪建议，舟山靠近故里，如果各自归散的话，以后大伙很难再坚持原本的志向，而台湾地理位置优越，与东南沿海紧密相连，土地肥沃，是可以独霸一方之地。颜思齐觉得有理，决定听从其言，于是船队在航行八天后抵达台湾。众人从北港登陆，建立寨堡以为基地，并在海上从事劫掠活动。为了确保无虞，颜思齐等人还镇抚当地民众，分出部分人从事耕种、狩猎，开垦出北港溪两岸的大片良田。颜思齐的入台也招致了更多的漳、泉无业之民，数量有三千多人。

---

① 康熙《台湾府志》卷一，见"台湾文献丛刊"第65种，台北：台湾银行1960年版。

② 连横：《台湾通史》卷二十九，北京：商务印书馆2010年版，第546页。

③ 江日昇：《台湾外记》卷一，见"台湾文献丛刊"第60种，台北：台湾银行1960年版。

④ 从日本当时记述此一段时期历史的《骏府记》、《华夷变态》、《台湾郑氏记事》等有关史书都没有记载此事来看，颜思齐、郑芝龙等人是否真有造反作乱的企图，难下定论。

天启五年（1625年）九月，颜思齐病逝，死后葬于诸罗东南方的三界埔山上，其势力为郑芝龙所继承。

第二节　郑芝龙的兴起与改盗为官

郑芝龙，南安石井巡司人，字曰甲，号飞黄，小名一官。郑芝龙父名绍祖，[①] 曾是泉州太守蔡善继底下一名管理仓库的小吏。郑芝龙十岁时，某日在玩投掷石头的游戏，不慎打中太守的额头而被抓了起来。所幸的是，太守见郑芝龙眉清目秀，气宇轩昂，大为欢喜，认为他日后必定富贵，因而饶了他。[②] 郑芝龙性情荡逸，不喜读书，有膂力，好拳棒，游荡广东时在香山澳遇到母舅黄程，被其收留。[③]

天启三年（1623年）五月，黄程有白糖、奇楠、麝香、鹿皮等货物想要搭附李旭（即李旦）的商船前往日本，便派遣郑芝龙随船押运。[④] 在跟随李旦期间，郑芝龙学会了西班牙、葡萄牙语，并学习贸易和东瀛武术。当李旦去世时，郑芝龙吞没了他的大部分财产，同时借由结交豪杰，与颜思齐、杨天生、洪升、张宏、

---

①　根据族谱，郑芝龙父名士表，字毓程，号象庭，"绍祖"可能是他的官名。参见苏同炳《〈台湾外记〉关于郑芝龙早期史事研究》，载《史联杂志》1997年第30、31期。

②　民国《福建通志列传选》卷二，见"台湾文献丛刊"第195种，台北：台湾银行1964年版。

③　同治《福建通志台湾府·杂录》，见"台湾文献丛刊"第84种，台北：台湾银行1960年版。

④　江日昇：《台湾外记》卷一。郑芝龙会到日本的原因，另有一说是他与后母有染被父亲发现，故逃到李旦船上，并为李旦所宠爱，随之前往日本做买卖。参见刘献廷《广阳杂记选·郑飞虹兄弟》，见"台湾文献丛刊"第219种，台北：台湾银行1965年版。

陈勋、陈衷纪、李俊臣、林福等人于海上从事亦盗亦商的活动。由于郑芝龙曾经当过荷兰东印度公司在台湾的翻译，与荷兰人建立起了良好的关系，后来他利用荷兰人的支持，与中国官军相对抗。①

当颜思齐预谋起事失败转进台湾时，郑芝龙跟着一起到达台湾。颜思齐去世后，众人改立郑芝龙为长。②

郑芝龙的崛起打破了明朝官府操控海洋社会权力的格局，官府失去对海洋的控制力，船头或海商收取"报水"，取而代之，并很快发展成为海洋社会通行的民间规则。③

天启六年（1626年）二月，郑芝龙集合众人会议，认为现在台湾一切事务大致完备，足以自保，应该向外扩张，不能无所作为使军队老钝。基于此，他计划率领十艘战船、三艘快哨前往金门和厦门侦察情况，如果能乘两地空虚时占领，就可以作为台湾的屏障，并获取粮饷。陈衷纪等认可其说。

三月初十，郑芝龙船队进犯金门。十八日，攻打厦门，官军无法抵抗。四月末，进犯粤东靖海、甲子等地。虽然诸战皆捷，但郑芝龙心中所望是效法杨六、杨七接受明廷招抚，于是他以重金委托两人向福建总兵俞咨皋表示就抚的意愿。岂料两人收钱不办事，郑芝龙极为愤怒，便派遣部下在海澄一带大肆劫掠。

其后，郑芝龙部队乘风横行，官方虽然紧急通报朝廷，沿海采取严密防备措施，但当事者仍一筹莫展。由于官军无可奈何，

---

① 苏同炳：《〈台湾外记〉关于郑芝龙早期史事研究》。
② 郑亦邹《郑成功传》和江日昇《台湾外记》中记有郑芝龙成为领袖过程的传说。这两个传说所反映出来的意义是，郑芝龙被推举为魁得之于侥幸，而非当时其势足以挟众，亦非其能足以服人。
③ 杨国桢：《郑成功与海洋社会权力的整合》，收入《中国近代文化的解构与重建（郑成功、刘铭传）——第五届中国近代文化问题学术研讨会论文集》，第245—251页，台北：台湾政治大学文学院，2003年。

朝廷中便有人提议招抚。在查知郑芝龙是泉州府库吏郑绍祖的儿子，十岁时曾受到太守蔡善继的恩惠后，明廷立刻将蔡善继升为泉州巡海道，负责招抚郑芝龙一事。蔡善继抵任后，又遵奉巡抚朱钦相命令，派遣黄昌奇带着赍谕出海招安。

黄昌奇见到郑芝龙后，表明自己奉蔡善继之意前来劝降，并出示文告。郑芝龙看完后，向黄昌奇表示在海上兴兵不是自己的本意，只因为在日本寄居，受到该国压迫才会如此。现在既然蒙受巡海道的命令，不敢再坚持己见而辜负善意。

然而，郑芝龙的就抚之意，并没有获得部下认可。陈衷纪即认为众人与巡海道没有任何交情，就算现在能借由郑芝龙的庇荫，难保哪天蔡善继升迁后不会被其他官员罗织罪名，到时进退不得，故他希望郑芝龙能借予船只，让自己回台湾去。郑芝龙便调拨六艘大小船，让陈衷纪及其追随者自行回台。

打定主意后，郑芝龙率领十二艘船，八百多人，和黄昌奇一起进入泉州港，接受招抚。不久，巡抚朱钦相指示蔡善继将郑芝龙等妥为安排，并且将船只军器收存，造册报缴。

相对于郑芝龙的积极响应官府，其他人另有一番心思。其弟郑芝虎即认为官府的做法只是要分开大家，散伙以后是福是祸很难说，不如乘夜退潮开船离开。郑芝豹同意郑芝虎所言，亦要郑芝龙不可以错过时机。对此，郑芝龙左右为难，生怕辜负巡海道的一片好意。郑芝虎不以为然，他认为蔡善继是个书呆子，以为这样安插众人就是很大的恩惠，无法指望他能为大伙特别做什么，况且郑芝龙也没被授予官职，要是以后出事，衙门深究，巡海道也无力救援。对郑芝龙来说，他受抚的先决条件，必须是朝廷能让他保持海上既有武力，并给予适当官职，使其能名正言顺横行海上。于是，郑芝龙率队开到围头外湾停泊。

对于郑芝龙等人的逃走，蔡善继极为气愤，深觉郑芝龙反复不定，令人难以信任。于是，他发文到各个卫所、府县要他们即刻整备，以防止郑芝龙率众劫掠，并写文向巡抚请示。当时，朱钦相因被拔擢到中央，已经启程离开，而新任的巡抚朱一冯还没到任，剿抚的议论因而有所耽搁，这使得郑芝龙可以很从容地修整部队，并依然以台湾为根据地，往来于闽粤之间，劫掠商民，势力更为强大。

天启七年（1627年）正月，郑芝龙攻占漳浦县旧镇，杀死守将，并在金门、厦门等地树旗招兵。朱一冯责令骁将都司洪先春会同把总许心素、陈文廉等率领船队合力剿捕。二月，郑芝龙派人假扮乡勇，趁官军进攻时，从后方杀出。洪先春首尾受敌，趁着潮水遁逃，其他官船没了主帅，也都四处星散了。郑芝龙虽然大胜，但其本意在于求抚，因此网开一面，并不追赶，同时派人登岸安抚附近乡民，严禁骚扰。

七月，郑芝龙又击败官军进剿，并生擒游击卢毓英。郑芝龙对卢毓英以礼相待，向他表示抗拒朝廷实非得已，何况自己有感于蔡善继昔日恩情，所以宣谕一到就立即归顺。但蔡善继只不过是将众人分别安插而已，因此大失众望，只好逃走。郑芝龙表示，如果能被授予一官半职，他肯定会为朝廷效力。

卢毓英在被放回福州时，途经泉州，前往拜见知府王猷，并向王猷讲述郑芝龙是将才，因为之前受抚时没有授予官职，只有安插，担心日后受势官欺凌，所以才逃走，如果当事者能给他官职，一定可以再次招抚。王猷赞同他的说法，认为很符合权宜抚恤用人的主旨。①

郑芝龙也曾数次写信给时任同安知县的曹履泰，表达希望求得水操游击的官职，以免往后为人所制的想法。然而，以法令言，职位授予掌握在中央政府手里，地方官员如抚按之类虽然可以推荐，但没有决定的权力。曹履泰回复称："为尔之计，只宜

---

① 江日昇：《台湾外记》卷一。

解散，立功将来。"① 由于达不成共识，郑芝龙持续对东南沿海地区袭扰，而其部下数量也由千人扩展至万人之多。

之后，郑芝龙又多次击败总兵俞咨皋派遣的官军，但都网开一面。然而新上台的崇祯皇帝除将俞咨皋解任逮问下狱外，还听从兵科给事中林正亨的建议，议将领，足粮饷，练兵实，修战具，复卫伍，禁接济。② 可以看出，中央的态度依然是倾向于征剿的。

郑芝龙谋划得宜，习于海战，且船器皆制于外国，船坚炮利。官军沿海兵船分散在各处，力量不集中，而且船只窄小脆弱，器械朽钝，将领则是毫无胆略，怯于应敌，一心只想避战，不久被各个击败。郑芝龙在攻占厦门后不杀不焚，不处死战败将领，被视为确有受抚之意，加上地方士绅如董应举之流认为如果一开始能以金钱收拢郑芝龙所率领的船队，让他自行统率，作为官方兵船的辅助，可以收到"贼消我长"之效，因而纷纷献策要求招抚郑芝龙。

七月，新任巡抚熊文灿接获泉州知府王猷陈述时事的报告：郑芝龙两次大胜洪先春没有追击，擒拿卢毓英也不杀害，在内海打败俞咨皋，厦门官兵弃城逃走时，能约束部众，不许他们上岸，没动一草一木。郑芝龙的不追、不杀、不掠，实际上就是想要被招抚。既然现今一时难以剿灭，招抚或许可行，不如遣人前往晓谕他退到外海，然后允许他立功赎罪，等到有功时，优先授予官职。③ 于是，熊文灿上奏请朝廷对郑芝龙予以招抚。经过一番议论，崇祯皇帝下诏谕兵部："郑芝龙啸聚弄兵，情罪深重。

---

① 曹履泰：《靖海纪略》卷一《谕郑芝龙》，见"台湾文献丛刊"第33种，台北：台湾银行1959年版。

② 《明实录闽海关系史料·崇祯长编选录》，见"台湾文献丛刊"第296种，台北：台湾银行1971年版。

③ 江日昇：《台湾外记》卷一。

据奏敛众乞降，缚送伙党陈芝经输情悔罪，尚有可原。朕方弘恢武略，宣布德威，念此海滨蠢聚多迫饥寒，涂衅锋镝，亦属可悯！姑准抚臣朱一冯、按臣赵胤昌等奏，给与札付，立功自续[赎]：舟中胁从，尽令解散；海上渠魁，责令擒杀。俟果著有功绩，应否实授，奏请定夺。"① 在皇帝的授意下，熊文灿立即着手办理此事。

卢毓英向熊文灿表示，要招抚郑芝龙并不困难，但以前招抚时并未授予官职，致使他担心受到势官凌辱，因而逃走。现在想再次招抚，如果没有官职，恐怕还是无法让郑芝龙安心。

熊文灿让卢毓英前往泉州，与知府王猷和巡道邓良知商量后再行动。王猷认为，郑芝龙必须先退到海外，将功赎罪，等有功时，再授以官职奖励。更何况现在李魁奇兼并陈衷纪，杨六、杨七又已叛逃，在乌洋一带横行，褚彩老在沿海劫掠，刘香扰害惠州、潮州及南澳等地。在这种情况下，卢毓英此次前往招安时应要求郑芝龙擒灭诸盗，一旦他能达成目标，巡抚自然会授予他较高的官位，让他为朝廷效力。

卢毓英觉得王猷所言极有道理，在得到邓良知的同意后，即前往旧镇，面见郑芝龙。

九月，郑芝龙率领部下投降。王猷、邓良知二人立即行文泉州府沿海卫所，允许郑芝龙的军士上岸采买。卢毓英也向熊文灿转达郑芝龙希望能为巡抚效犬马之劳，将福建、浙江、广东海上盗贼全部扫荡以赎罪的意愿。熊文灿大喜，委托郑芝龙为海防游击，并让卢毓英为监督，帮他向朝廷题请。②

郑芝龙受抚后，第一个要铲除的对象就是李魁奇。李魁奇虽与郑芝龙差不多同时接受招抚，但多次降而复叛。另外，朝廷将

---

① 《明实录闽海关系史料·崇祯长编选录》。
② 江日昇：《台湾外记》卷一。

沿海海道一分为二，海道南、北分别交由李魁奇、郑芝龙专门负责。① 李魁奇、郑芝龙之间也存在利益冲突。

崇祯二年（1629年）正月，李魁奇不听郑芝龙命令，并夺取大小船只百艘，招聚三千余人前往厦门抢夺郑芝龙的物资。对此，仅有六百名士兵的郑芝龙修整军器加以防备，并以厚饷募集士兵。

同安知县曹履泰亦派发渔船三十只、壮丁五百名，给予十日粮食，协助郑芝龙出海。② 实际上，明末的招抚及其后的剿灭海寇活动，主要由地方政府组织并配合实施，团练乡兵在恢复地方和海上秩序中发挥了重要作用。曹履泰与郑芝龙的合作也说明，恢复海上秩序是海商集团与地方政府的共同目的，改变了身份的郑芝龙和地方官密切配合，组织发动民间武装力量，实现了海上秩序的重建。③

四月，李魁奇欲在料罗一带等候劫掠商船，郑芝龙得知后，率众围歼，斩李魁奇。④ 熊文灿接到捷报，派人前往料罗犒赏，允将郑芝龙晋升为参将。

六月，郑芝龙在金门擒斩杨六、杨七，并收编了他们的部队。八月，褚彩老抢掠闽安镇，熊文灿命郑芝龙剿灭，郑芝龙追击并在南日消灭褚氏。⑤ 九月，熊文灿提兵入汀会剿在闽赣粤一带活动的盗贼，因而令郑芝龙率领部队驻扎上杭。隔月，郑芝龙驻师三河坝，督率官兵直捣敌营，双方人马在丙村遭遇，郑芝龙

---

① 《明实录闽海关系史料·崇祯长编选录》。
② 曹履泰：《靖海纪略》卷二《上熊抚台》。
③ 万明：《商品、商人与秩序——晚明海上世界的重新解读》，载《古代文明》2011年第5卷第3期。
④ 一说李魁奇为钟六所擒。参见董应举《崇相集选录·与马还初书》，见"台湾文献丛刊"第237种，台北：台湾银行1967年版。
⑤ 江日昇：《台湾外记》卷一。

共斩首六百余级，焚其巢而还。①

在消灭李魁奇的时候，除了郑芝龙，钟六也发挥了重要的作用。钟六在接受招抚后被赐予丰厚的奖赏，因而能与郑芝龙势力相当，但因为害怕遭到郑芝龙的袭击，加上熊文灿用计离间郑芝龙、钟六二人，使钟六降而复叛。

崇祯三年（1630年）十一月至四年正月，郑芝龙两次大败钟六。五月，钟六被围困于金门附近洋面，眼见力竭势穷，投海而亡。

崇祯五年（1632年）四月，郑芝龙被晋升为游击。其后，起事于闽南的广东大埔人钟凌秀降而复叛，为郑芝龙所擒，解往两广总督王业浩军前正法。郑芝龙并在海澄、太和、兴国等地海上击败钟氏余党，因功升为参将。

李魁奇、钟六等人被消灭后，郑芝龙接着要面对的是跟他一样既富且强的惠安人刘香（即刘香老）。刘香趁着荷兰侵扰福建沿海之际，连犯闽粤沿海诸县，并且恃众不受招抚。

崇祯七年（1634年），已任两广总督的熊文灿想以郑芝龙为援，合力消灭刘香。但有人认为郑芝龙、刘香相识，担心他们会暗中勾结，直至崇祯八年，朝廷才同意郑芝龙协同进剿。

四月初，双方在田尾洋展开大战。此役，郑芝龙共生擒一百四十七人，斩首六百二十二颗，救回被掳一百三十九人，烧毁夺获三十五艘大小船只。刘香战败，自焚溺死。②

四月二十四日，刘香余党复驾船百余艘，由浯屿外洋进袭。在郑芝龙的谋划及麾下部将吴华等人的奋力迎战下，郑军夺船五只，生擒余阿二等七十六人，斩首级八颗，沉船十余只，获军器一百八十余件，救回被掳五十九人，刘香余党溃不成军，逃往广

---

① 民国《台湾通纪》卷一，见"台湾文献丛刊"第120种，台北：台湾银行1961年版。

② 江日昇：《台湾外记》卷一。

东。郑芝龙乘胜追击，先后在惠州盐洲岛、雷州白鸽寨等地击败刘香余党，基本扫清了刘香势力。①

崇祯十二年（1639年），郑芝龙被授予南澳副总兵官衔。来年八月，又迁为三省总戎大将军大都督事南澳总兵。崇祯十七年正月，郑芝龙被提升为福建都督。②"当是时，海舶不得郑氏令旗，不能往来。每一舶，例入三千金。岁入千万计，芝龙以此富堪敌国。乃筑城于安平……其守城兵饷自给，不取于官。……凡贼遁入海者，檄付芝龙，取之若寄，故八闽以郑氏为长城"③。

郑芝龙海商集团的崛起，是财富与权力的结盟，郑芝龙身份的转换，标志着明朝官方对于民间海商的认可与海商国家意识的强化。进一步说，晚明中国沿海出现反映海上贸易发展要求、代表海商利益的地方政治势力，在接受朝廷招抚后，这种带有海商利益代表性质的地方政治势力，参与到国家政治之中。从此，海商集团在明末政治中占有了一席之地，特别是在南明政治中显示出举足轻重的作用。可以说，沿海私人海上力量作为政治力量的出现，是明代后期中国社会经济结构变迁带来的政治新变化。换言之，这种政治现象的出现，说明晚明中国社会经济结构发生的变迁，到明末已经引发了政治结构的变化。如此看来，郑氏海商集团的崛起，不仅是经济贸易变迁的产物，而且也是政治变迁的内容之一。重要的是，中国海上力量的重新整合完成于晚明，国家与社会的海上博弈在明末解决，政治变迁并非是民间对官方的替代，而是二者新的合作关系的形成。在国家的支持下，海商集团获取了合法性政治权力，在后来的国际交往中，成为代表中国

---

① 《郑氏史料初编》卷二《海寇刘香残稿一》，见"台湾文献丛刊"第157种，台北：台湾银行1962年版。

② 江日昇：《台湾外记》卷二。

③ 三余氏：《南明野史》卷中，见"台湾文献丛刊"第85种，台北：台湾银行1960年版。

海上力量的势力。①

第三节 郑芝龙与南明的合分

崇祯帝自缢后,福王朱由崧即位于南京,改元弘光。弘光帝以郑芝龙之弟郑鸿逵(芝凤)为大都督、靖虏伯,任总兵官守镇江,率领水师驻守京口,并以郑芝龙从子郑彩为南京都督、水师副将。当时金陵岌岌可危,有南迁的准备,弘光帝想要借由郑鸿逵、郑彩两人来笼络郑芝龙,加上身为都督的郑芝龙由于熟习福建海事,屡次获得御史的推荐,最后,弘光帝封他为南安伯,②这让郑芝龙进一步掌控了福建地区的海洋事权。

顺治二年(1645年)五月,南京被攻陷,鲁王朱以海受诸臣之请,在绍兴以监国名义抵挡清军。同时,唐王朱聿键亦在福州即位改元,叔侄间因正统问题产生矛盾。

唐王的上台,与郑芝龙兄弟有很大的关系。顺治二年(1645年)五月,被命令徙驻广西平乐府的唐王行抵杭州,遇到当时兵败后南还的郑鸿逵,郑鸿逵先令部下带兵保护唐王入闽。随后,郑鸿逵听闻杭州城失陷,将全部军队撤回福建。唐王入闽后,郑芝龙与蒋德璟、黄道周、郑鸿逵等拥立唐王于福州。③此时,对于名位问题,诸臣意见有所分歧:黄道周与郑芝龙等欲奉唐王为监国,他们认为如此才能名正言顺,向天下揭示无私心,等到出闽后再建号未迟;郑鸿逵则认为如果不能马上即位,就无法使众人心服口服以杜绝后起。最终,唐王接受后者的建议,在福州称

---

① 万明:《商品、商人与秩序——晚明海上世界的重新解读》。
② 林时对:《荷牐丛谈》卷四《郑芝龙父子祖孙三世据海岛》,扬州:江苏广陵古籍刻印社1990年影印版。
③ 民国《福建通志列传选》卷二。

号，改元隆武。

郑氏兄弟虽有拥戴之功，但隆武帝与郑芝龙在用人、行政等方面多有冲突。隆武帝是不肯让臣子操纵自己的，而郑芝龙则与朝廷的关系跟其他大臣不同。在其他大臣看来，食君之禄，忠君之事，一旦进入官场，便要将自己的生命与财产全都交给皇帝。但是郑芝龙从来没有忠君的观念，在他看来，他与明朝的关系是一场买卖，隆武帝收了他的钱，便应当让他掌权。这种态度导致隆武帝对郑芝龙耿耿于怀，他的志向是重建明朝统治秩序，所以他无法接受郑芝龙对权力的控制。

为了摆脱郑芝龙的控制，隆武帝鼓励大臣对抗郑芝龙。他一方面策动文臣对付郑氏，另一方面又在郑芝龙面前说文臣们的坏话，企图两面讨好，搞权力平衡，让双方谁也离不开他，便于他从中控制。在某种程度上，隆武帝的这一策略是成功的，他在群臣中树立起郑芝龙的反对派，并利用文臣对郑芝龙的批评，将权力逐步抓到手中。而隆武政权的文臣多固执己见，好意气用事而不顾大局，这样一来，就使得文武之争不可收拾。①

由于事与愿违，在朝中又处处受到文臣和隆武帝的掣肘，郑芝龙心生不满，当隆武帝屡次催促他带兵出关时，② 郑芝龙以粮

---

① 徐晓望：《论隆武帝与郑氏家族的权力之争》，载《福建师范大学学报（哲学社会科学版）》2002年第1期。

② 对于隆武帝频催郑芝龙出关的做法，被任命为推官的桐城人钱秉镫颇不以为然，他上书希望隆武帝能够记郑芝龙之功而赦其过，推诚委任，不强迫郑芝龙出关暴露其短，而是善加利用他在海战中的长处，让郑芝龙的船队骚扰已被清军占领的江浙沿海，围魏救赵，不仅可以巩固闽疆，还可以等待其他地方的起义之师，让清军疲于奔命。如此一来，郑芝龙也会明白他并不是隆武帝恢复明室唯一的依靠，自然无法要挟自重。不过，钱秉镫的意见并没有被采纳。参见钱秉镫《藏山阁集选辑·拟上行在书（乙酉年十二月出闽赴江右上）》，见"台湾文献丛刊"第225种，台北：台湾银行1966年版。

饷缺乏为理由拒绝。①

　　郑芝龙迟迟不出兵除了与隆武朝君臣之间的矛盾及其投机的性格等原因外，可能还有军队性质上的顾虑。郑氏本起于海上，其部下也多习惯于波涛汹涌的海洋，可以乘潮驾风来去千里。然而，如果舍海就陆出关御敌，则难以抵挡清军铁骑，无疑是驱羊御狼，弃长用短。②

　　为了摆脱被郑芝龙所制的局面，隆武帝决意出福州驻扎于建宁，展现御驾亲征的决心。

　　顺治二年（1645年）十二月，隆武帝戎服登舟至建宁，但由于兵食匮乏，人心涣散，无法组建起一支像样的军队。③来年三月，督师大学士黄道周因兵败被擒，殉节于南京后，隆武帝计划从建宁由汀州入赣州，与湖南相互声援。对此，郑芝龙表示反对，为了能挟天子以自重，持续控制福建，他发动数万军民阻止隆武帝离开，并力请隆武帝回到福州。④隆武帝在不得已的情况下，只好驻扎于延平。⑤对郑芝龙而言，他是一个海商代表，而福建是当时中国主要的对外贸易区域，其经济地位决定了郑芝龙不可能离开福建。因此，他无论如何也要留隆武帝于福建。但隆武帝为了发展，同时也为了摆脱郑芝龙对朝政的控制，把西进当作自己的主要战略目标。

---

　　① 李瑶：《南疆绎史》卷三《闽疆纪略（三）》，见"台湾文献丛刊"第132种，台北：台湾银行1962年版。

　　② 钱秉镫：《藏山阁集选辑·拟上行在书（乙酉年十二月出闽赴江右上）》。

　　③ 《通鉴辑览明季编年》卷下，见"台湾文献丛刊"第281种，台北：台湾银行1970年版。

　　④ 钱澄之：《所知录》卷上，见"台湾文献丛刊"第86种，台北：台湾银行1960年版。

　　⑤ 李天根：《爝火录》卷十六，见"台湾文献丛刊"第177种，台北：台湾银行1963年版。

其实，郑芝龙在当政之初，对复兴明朝是有一定热心的。由于隆武帝的鼓励，他以明朝开国功臣徐达为自己的学习榜样。可惜的是，文臣们对他的百般讽刺打击，使他本来就不十分坚定的雄心化为乌有。加上在海商集团利益与士大夫集团利益的激烈冲突中，隆武帝最终选择站在士大夫一边，使得作为海商集团代表核心人物的郑芝龙，最后选择了退出隆武政权，并开始在清朝寻找关系。① 当时，清朝的军队已经挺进到浙江，并派遣经略洪承畴招抚江南，御史黄熙胤招抚福建。对清廷而言，只要能招降郑芝龙，不但拿下福建不需花费一兵一卒，浙江也会望风而溃。由于洪、黄两人与郑芝龙同乡，于是他们向朝廷献策修书入闽，允许在得到福建后授予郑芝龙闽粤总督职衔并封王。②

郑芝龙自降明后的十多年内，先后在福建与广东任职，他在广东的数年里，深深感受到这个省份的发展潜力远胜福建，况且广东在明清之际是仅次于福建的第二个海洋大省，在该省潮州一带，一直活动着对抗郑氏家族的海洋势力。郑芝龙的梦想是担任闽粤总督，一统中国的海洋势力。③ 这是清廷以此利诱的主因，也是郑芝龙降清的目的之一。不过清廷是否会兑现诺言尚是个问题，因此郑芝龙得知此消息后犹豫不决。

清军攻入福建后，势如破竹，很快就在汀州抓获隆武帝，隆武政权灭亡。

在清军进逼安平时，清军统帅博洛写信给郑芝龙，表示现在闽粤还没有平定，想要借由郑芝龙的兵威加以震慑，清朝已经铸好闽粤总督官印等待他的同意，并期待与他会面。郑芝龙大为欢

---

① 徐晓望：《论隆武帝与郑芝龙》，载《福建论坛（人文社会科学版）》2002年第3期。
② 江日昇：《台湾外记》卷二。
③ 徐晓望：《清军入闽与郑芝龙降清事考》，载《福建论坛（人文社会科学版）》2007年第7期。

喜，加上所置田园遍布闽粤，为了维护所有财产，于是决意投降。①

当时郑芝龙所统领的楼船还有五六百艘之多，属下不少人都劝谏他不可投降，郑成功更是痛哭苦谏。郑成功向郑芝龙表示，自古父教子忠，没听过有教儿子二心的，况且清军没有什么信用可言。② 闽粤等地不像北方一样可以让敌军任意驰驱，如果能凭险设伏、收拾人心来巩固根本，并从各个港口贩卖货物即能拥有充足的粮饷，然后再选将练兵，要号召各地起兵并不困难。③ 郑芝龙一听，斥责郑成功妄自评论，不知道天时、局势如何。在有长江天险的屏障下，集结四镇兵力，尚且抵抗不了清军，更何况是偏安一隅。郑成功则予以反驳，认为郑芝龙只见大概，没有细思个中事理。天时与地利不同，清军虽然兵强马盛，但也无法长驱直入关内。只不过明朝无人可以托付，文臣又弄权，才会使政府瓦解，酿成崇祯皇帝自缢于煤山的惨状。只要得天时，就能反攻消灭敌人，接续大统。南京失陷，并非因为长江不能依靠，而在于君主不是戡乱之君，朝臣则多庸碌之辈，才会让天下豪杰饮恨，无法依恃天堑。如果郑芝龙能够借由地形的崎岖，扼要把守，还是能拥有地利，收拾人心的。④

郑成功进一步表示，李自成、张献忠二人势力衰微，不久就会被灭，而各地盘踞之人大半是书生并缺乏粮食，所以快速起灭。明朝宗室则没有像刘縯、刘秀兄弟一样的才干，隆武帝势孤，大概只能逃往他处老死，不需要顾虑。清人反复无常，不可信赖。如果郑芝龙能够设险防守，等待对方出错时再行动，如此

---

① 李天根：《爝火录》卷十六。
② 连横：《台湾通史》卷二十九，第549页。
③ 徐鼒：《小腆纪年》卷十三，见"台湾文献丛刊"第134种，台北：台湾银行1962年版。
④ 江日昇：《台湾外记》卷二。

一来，只要上天不厌弃明朝，就能择取可立之人拥戴。即使最终不能进取，在沿海终老也是一件自得其乐的事。

然而，不管郑成功说得再多，郑芝龙还是不听，反而认为识时务者为俊杰，今日被清廷招抚、看重，就必然会受礼遇，如果和他们针锋相对，一旦失利，那时就后悔莫及了。

郑鸿逵也劝郑芝龙，认为现在还有数十万的士兵，遍满海上的舳舻，充足的粮饷，只要以辅君作为号召，天下豪杰一定会纷纷响应，无须委身于别人。郑芝龙不以为然，认为郑鸿逵所说的是眼前之事，并不是长远之计。现在清人已经拥有三分之二的天下，要以一旅之力和天下之兵抗衡，恐怕是自不量力的行为。倒不如趁他们招抚自己的时候，全军归诚，择主而事。眼见无法说服兄长，郑鸿逵只好提醒他要多加提防。已有定见的郑芝龙颇不认同，他要郑鸿逵静候，等自己前往会见博洛，看对方如何接待后，再做打算。可以看出，无论众人怎么反对，郑芝龙都不予采纳，反而想要强迫他们一起归附。[①]

从宏观历史角度看，中国主要是一个大陆国家，中国的海洋势力很少扮演过重大角色。但在晚明之际，东南海洋势力崛起于海上，已经形成相当大的势力，而这股势力的特点在于重视海洋更胜于陆地。当明清之际，这股海洋势力徘徊于明、清两大势力之间，不论他们向哪一边靠拢，都会造成较大的影响。早先，他们选择了拥明抗清的道路，但他们与隆武帝的合作因受到文官集团的抗拒而大受打击。郑芝龙则代表海商内部降清派的势力，从一开始就反对过多地卷入明清之争，这是郑芝龙冷对唐王称帝行动的原因。他一生采取的策略是与朝廷合作，向海洋发展，从降明到降清，其实是他这一策略的实践。他认为与清朝对抗是没有出路的，只有与其合作才能保持权力，并向海洋发展。而在当时

[①] 江日昇：《台湾外记》卷二。

的东亚海上，郑芝龙的发展越来越受到荷兰人的压迫，二者隔海对峙，迟早要再次一决雌雄。从这个角度去看郑芝龙降清，可以理解为他想依靠清朝的势力向海洋发展。但是，这一派在当时来说，在道义上是失败的，因而只能成为一股潜流。在与隆武政权合作失利后，郑芝龙利用军队中的不满情绪，将其引向降清的道路。①

郑芝龙安排好后，只带五百名随从前往福州会见博洛。令郑芝龙料想不到的是，博洛的安抚只是权宜之计。顾虑到郑芝龙桀黠多智，常常首鼠两端，他又把部队留在他处，自己单骑前来，明显有观望的意味，博洛担心如果放郑芝龙回去，恐怕会有意外发生，倒不如挟持他北上，使群龙无首，如此一来，其他人也就无可奈何了。②于是博洛连续宴请郑芝龙数日后，忽然拔营，带着他往北而行，跟从郑芝龙的五百人则被分配到其他军营，与他不得相见。

于是，郑芝龙被迫迁往北京。他到达北京后，被授予精奇呢哈番的头衔，隶属汉军正黄旗，③而郑成功、郑鸿逵、郑彩等人则各自率领部下入海，屯驻于金门、白沙、厦门等地自立。④

其实，博洛挟郑芝龙北上进京是个错误。如前所述，郑氏集团内部有拥清与反清两派，除了郑芝龙真心降清外，郑鸿逵与郑成功等人都是拥明派。郑芝龙的许多部下原来的意向并不明确，但见清廷哄骗郑芝龙入京软禁，知道降清不过如此待遇，一齐心冷，以后都成为拥明抗清派。⑤如果当时博洛没有食言，而是重用郑芝龙，平定闽粤可以说是指日可待。清廷的此一举动虽然避

---

① 徐晓望：《清军入闽与郑芝龙降清事考》。
② 江日昇：《台湾外记》卷二。
③ 民国《福建通志列传选》卷二。
④ 林时对：《荷牐丛谈》卷四《郑芝龙父子祖孙三世据海岛》。
⑤ 徐晓望：《清军入闽与郑芝龙降清事考》。

免了郑芝龙趁机扩张势力，造成尾大不掉的局面，但也使东南战事延续数十年，这是其所料不及的。

顺治十年（1653年），福临亲政后，诏封郑芝龙为同安侯。顺治的用意还是为了拉拢郑芝龙来让未降服者早日归顺，但并无效果。顺治十二年正月，有人上疏弹劾郑芝龙投诚十年以来，反而愈加桀骜不驯，频频派遣家仆往来海上与郑成功互通信息，形成儿子在海上起兵、父亲却在京城安居的局面，可说是祸乱的根源。同时，福建巡抚佟国器亦获得郑氏父子私通的证据，郑芝龙因此被革除爵位，流徙宁古塔。①

顺治十八年（1661年），康熙即位后，诏谕兵刑二部，以郑芝龙怙恶不悛，包藏异志，与郑成功潜通教唆，图谋不轨，奸细往来，漏泄军机等理由，将郑芝龙磔于市。②

---

① 民国《福建通志列传选》卷二。
② 《郑氏史料初编》卷三《谕兵刑二部》。

第二章
郑成功的抗清与收复台湾

第一节 郑成功抗清与郑清和议

郑成功原名郑森，字大木，为郑芝龙所娶日本女子田川氏所生。郑成功七岁回到中国后，郑芝龙聘请教师为其传授课业。郑成功天资聪颖，很会读书，十五岁时补为县学廪生。弘光帝即位时，郑成功进入南京太学就读，并成为钱谦益的门下弟子。唐王于福州即位，郑芝龙带他晋见。因其相貌雄伟，隆武帝非常喜爱他，于是赐国姓"朱"及名"成功"，任命他为御营中军都督，仪同驸马都尉、宗人府宗正。[①]

郑芝龙决意降清后，郑成功眼见无可挽回，便带着儒服到文

[①] 徐鼒：《小腆纪年》卷十。

庙烧毁，舍弃读书人的身份，表达"昔为孺子，今为孤臣；向背去留，各有作用"之意，①并纠集志同道合者另走金门。②不久，郑成功纠众数千人，以南澳为根据地，仍用唐王隆武年号，自称招讨大将军发表起兵。③当时，监国鲁王颁历，郑成功因昔日唐、鲁二王有嫌隙，不欲奉其为正朔，又因为不知桂王已即位，于是便自行颁发"隆武四年戊子大统历"。④对郑成功来说，南澳的重要性不仅在于其战略地位，更在于此地是郑家的根基所在。郑芝龙自崇祯元年（1628年）受抚至崇祯八年，以南澳为基地，先后剿灭三省山寇以及李魁奇、钟六、钟凌秀、刘香等，并抗击荷兰人。崇祯十二年，郑芝龙晋升为南澳副总兵。崇祯十六年，为表彰郑芝龙，明廷特旨在南澳建立"郑芝龙坊"，其规格之高、规模之大，在南澳是空前绝后的。不过，它的真正价值在于树威立业：树芝龙之威，立郑家之业。南澳的郑氏家业之巨不仅表现在田产房屋、兵舰商船，更表现在郑氏所养、效忠郑家的军队。由于南澳士卒皆由郑芝龙散金以养，是一支打着官军旗号，唯郑家之命是从的军队，对兵将、械船百无一备的郑成功来说，该地具备最现成、最便利的条件。⑤

南澳收兵不久后，郑成功移军鼓浪屿，并在厦门讲习武事，

---

① 郑亦邹等：《郑成功传》，见"台湾文献丛刊"第67种，台北：台湾银行1960年版。

② 道光《厦门志》卷十六，见"台湾文献丛刊"第95种，台北：台湾银行1961年版。

③ 《清史稿台湾资料集辑·列传》，见"台湾文献丛刊"第243种，台北：台湾银行1968年版。

④ 黄宗羲：《赐姓始末 郑成功传》，见"台湾文献丛刊"第25种，台北：台湾银行1958年版。

⑤ 潘文贵：《郑成功烈屿会盟考评》，载《台湾研究集刊》1994年第3期。

后来听说郑芝龙已被挟持北上，乃回到安平镇。① 当时，金门为郑鸿逵所有，厦门为郑彩、郑联所有，海坛、南日、南北二茭、舟山等岛为鲁王所部分守，铜山、南澳等亦为他人所据，郑成功仅拥有区区安平之地。②

有鉴于安平地小无险可守，郑鸿逵劝郑成功袭取泉州，并表示愿意派军队帮忙。于是在顺治四年（1647年）八月，郑成功对泉州展开攻击，然围城月余，无法攻下。退兵回安平后，明浙江巡抚卢若腾、进士叶翼云、举人陈鼎前来拜谒，郑成功礼遇众人，而海澄甘辉、漳浦蓝登、南安施琅及弟施显都前来归附。

顺治五年（1648年）四月，郑成功统领林习山、甘辉等攻打同安，战于店头山，清兵溃败，百姓迎郑成功入城。郑成功继续向泉州南安挺进，但花费了两个多月的时间还是无法攻克。八月，清军反攻，当时郑成功正在铜山整顿船只，训练士兵，回救不及，只好回驻漳州镇海、铜山。十月，永历帝派人带着诏书来找郑成功，封他为威远侯。③

次年春天，郑成功遣人朝见永历帝，改用永历年号。三月，郑成功派遣施琅、杨才等攻取漳浦，清守将王起凤降。④ 七月，永历帝复派遣使者到厦门，封郑成功为广平公。⑤ 之后，郑军虽先后攻下云霄、诏安，但很快又被清军击退，连漳浦也失守。

十一月，郑成功改屯分水关，督兵入潮州。抵黄岗，潮州人陈斌率众来降，授为后劲镇。当时潮州多由土豪割据，有人建议郑成功攻取潮阳，因此地物资丰富，且接近海口，有海门所、达

---

① 同治《福建通志台湾府·杂录》。
② 江日昇：《台湾外记》卷二。
③ 江日昇：《台湾外记》卷三。
④ 黄宗羲：《赐姓始末　郑成功传》。
⑤ 杨陆荣：《三藩纪事本末》卷四《郑成功之乱》，见"台湾文献丛刊"第149种，台北：台湾银行1962年版。

濠浦可以停泊海船，运送米粮，可作为练兵措饷之地。

顺治七年（1650年）正月，郑成功入潮阳，并逐一平定周围各堡寨。八月，因战事不利，郑成功从潮阳撤军，回兵厦门。

当时郑彩正率军前往鲁王处，由于迟迟得不到一块地盘作为根据地，有人建议郑成功趁此机会夺取厦门。起初，郑成功担心对方船只是己方的数倍，而且部将老练，如果攻取不成，反而结仇。在施琅等人劝说下，郑成功于八月中旬派人刺杀郑联，收服郑联部将，夺取厦门。之后，郑成功又派人招降郑彩。对郑成功而言，掌控厦门不仅有军事上的意义，更能稳固对外贸易，增加税收并扩大财政来源。

其后，郑成功又命令洪政招降铜山、闽安、南澳及诸岛上的将卒，势力渐强。他将部队分为五军镇守各地：以林察为左军，周瑞为右军，张名振为前军，周鹤芝为后军，郑成功自为中军，再以蔡福为内司中军镇，每军大小船一百只。郑成功又命冯澄世、潘庚钟等为参军，整备操演，伺机进攻。①

顺治八年（1651年）正月，清军逼近广西，郑成功命各部分攻邵武等地，再令洪政节制南澳、铜山诸岛，择日进攻诏安、平和。不久后，郑成功接到永历帝诏谕他从东莞虎门前往援助的命令，便让族叔郑芝莞守厦门，水师阮引、何德等支援，自己则带领军队南下，开始了第一次勤王行动。②

三月，清福建巡抚张学圣巡视泉州，在侦知郑成功前往粤东后，派遣兴泉道黄澍、驻泉中路总兵马得功等集结各处民兵及船只乘虚袭击厦门。马得功从五通偷偷上岸，阮引、何德不战而退，郑芝莞也带着珍宝弃城搭船离去。③马得功纵兵大掠，郑成

---

① 民国《福建通志列传选》卷一。
② 沈云：《台湾郑氏始末》卷二，见"台湾文献丛刊"第15种，台北：台湾银行1958年版。
③ 民国《台湾通纪》卷一。

功家资尽失。①

四月，郑成功率领水师返回收复厦门。郑成功以郑芝莞失机，将他处斩，并将阮引枭首示众，杖何德一百二十棍革职，杀副将杨升，同时奖赏收复厦门的有功人员施琅、陈缙等。由于郑成功铁面无私，赏罚分明，原本低迷的士气再度振兴。②

八月，郑成功再设五营，升中权镇左营黄梧为英兵营，旧将吴世珍为游兵营，戎旗正总班杨祖为奇兵营，林文灿为殿兵营，陈缙为正兵营，授沈明为左镇，沈奇为右镇，陈魁为后劲镇，并委托陈启设局督造军器等。

九月，郑成功督师入漳州，清将王邦俊同陈尚智调集马兵、步兵各数千驻扎钱山，与郑军对垒列阵。郑军以逸待劳，将敌军前锋尽歼之，随后乘胜追击，清军大败，王邦俊夺路而走，仅以身免。郑军班师回厦门。

十一月，郑成功进攻漳浦，由九都登岸，进扎小盈岭，③清提督杨名高自福州统领兴化、泉州各镇营兵来援漳州。郑成功设伏兵于小盈岭。在双方交战不分上下之时，郑军伏兵冲出，清军部队大乱，死伤惨重，只好退回泉州。④之后，郑成功乘胜旁攻诸县，先由旧镇港登岸围漳浦，清军开城出降。⑤随后，他对漳州各县发动总攻击：黄山带兵三千攻平和，清将满路投降纳款，四处皆归；黄廷领众六千征云霄、诏安，清云霄参将包泰亨自缢身死，中军包胤出降，诏安千总薛加祥、把总王抚民弃城逃往潮

---

① 林时对：《荷牐丛谈》卷四《郑芝龙父子祖孙三世据海岛》。
② 徐鼒：《小腆纪年》卷十七。
③ 杨英：《从征实录》，见"台湾文献丛刊"第32种，台北：台湾银行1958年版。
④ 江日昇：《台湾外记》卷三。
⑤ 《郑氏史料续编》卷一《兵部和硕承泽亲王硕子等残题本》，见"台湾文献丛刊"第168种，台北：台湾银行1963年版。

州。郑成功又于漳浦县北门外教场操练兵马，准备由大坪、程溪等地进伐漳州府城及海澄县。①

同月，张名振、周鹤芝、阮骏等亦从舟山来归，清海澄守将赫文兴也遣人暗中联络，郑成功以张名振管理水师前军，周鹤芝管水师后军，阮骏为水师前镇。② 此时，郑成功面临的最大问题是领地窄狭，人多饷乏，器械未备。当他忧心不已时，参军冯澄世建议他利用母亲与日本的关系取得当地铅铜，再将它们运到东南亚地区贩卖，如此一来，就有足够的粮食。郑成功采用了他的策略，设立五官商，又以黄恺为征饷官，向泉州、漳州、福州、兴化沿海各县征派军饷。③

顺治九年（1652年）正月，郑成功率领两千余只战船、数万兵众，趁着涨潮，航海直达海澄中权关。赫文兴迎接郑成功入城，郑成功赏赐该城将领官兵银一万两，赫文兴银五千两，并授其前锋镇。④ 此时，金门人周全斌往见郑成功，郑成功向其询问目前局势该当如何。周全斌表示，郑成功志在勤王，最好的方法是先打通前往广西永历帝行在的道路，再会同孙可望、李定国，联合由粤东出江西，从洞庭湖直取江南。但是现在李成栋已死，广州被清军攻破，前往广西的道路不通。如今之计，应该固守各岛，上据舟山以分散由北方而来的清军，下守南澳以阻遏南边入侵的敌军，再借由海上贸易补充粮饷，然后攻取漳、泉作为根据地，由汀州、邵武、福州、兴化等府水陆同时并进，就可以完全掌握八闽了。周全斌的意见深得郑成功之心，因而被授予房宿镇。

---

① 《郑氏史料续编》卷一《兵部和硕承泽亲王硕子等残题本》。
② 彭孙贻：《靖海志》卷一，见"台湾文献丛刊"第35种，台北：台湾银行1959年版。
③ 徐鼒：《小腆纪年》卷十七。
④ 杨英：《从征实录》。

二月，郑成功进兵长泰。双方激战多日，郑军虽摧毁城墙二十余丈，打死知县傅永吉，但无法拿下长泰。①

三月，闽浙总督陈锦率军至同安，郑成功将兵营移回江东桥，派遣各镇防守。陈锦轻敌，挥军逼战，②遭到四面合击，清军大败，损失无数衣甲、马匹、辎重。陈锦本人也被手下所杀，头被献于郑成功。③驻守长泰的守将听说援师撤退，亦弃城逃走，郑成功终于拿下长泰。至此，平和、诏安、南靖等县都成为郑成功的囊中物。

四月，郑成功率大军进围漳州城。五月，清浙江金衢总兵马逢知率军抵达漳州，郑成功询问众将应战之道。甘辉请战，郑成功不同意，他认为用兵之道不可以全靠勇力，应当知己知彼，现今陈锦刚死，提调无人，以骁勇素称的马逢知到来，必定以一当百。如让马逢知进入漳州城，届时城中人多粮乏，从外调取又缓不济急，就容易破城了。于是，郑成功撤离万松关和九龙江的士兵，让他们避开清朝援军，不要阻止。马逢知果然中计，率部入城，被郑军团团围住，只好困守待援。

在得知马逢知入城被困后，福建巡抚宜永贵企图以水师攻打厦门，牵制郑成功在漳州的军队。郑成功令陈辉为总督，率领水师迎战并在崇武打败宜永贵。④为免夜长梦多，郑成功于七月急攻漳州城，但久攻不克。⑤

九月，清廷派浙江固山额真金砺等率万余人救漳，与提督杨名高合兵，以骑兵从大路攻击，分步兵从长泰小道直扑漳州。郑

---

① 同治《福建通志台湾府·杂录》。
② 徐鼒：《小腆纪年》卷十八。
③ 江日昇：《台湾外记》卷三。
④ 杨英：《从征实录》。
⑤ 徐鼒：《小腆纪年》卷十八。

军在江东桥被击败，桥关尽失，郑成功只好撤围，屯驻古县。①

金砺与马逢知、王邦俊商议，认为府城之危虽然已解，但是郑成功尚在古县，如果他由三汊河截据江东桥，再派遣其他部队从赤岭港登岸，漳州城可能又会重蹈覆辙。于是，清军继续追击。②郑成功令以火器迎敌，但是突然遇到西北风，火筒、营炮所产生的烟雾全被反吹回阵中，士兵眼茫，看不清敌人，被清军乘烟冲突而大溃。郑军撤至海澄，南靖、漳浦、平和、诏安皆为清军收复。③

顺治十年（1653年）四月，金砺等调集十县两万民夫及数万马步兵，欲攻海澄县。五月初四，金砺于天后宫前扎营，并用大小数百号铳炮不间断攻击，郑军官兵多被击伤而死。次日，郑成功以背水一战的决心激励士气，并利用清军炮火猛攻后火药不继的时机，令己军先执大刀击杀首批来犯的敌军，再用火炮对付后来者，最后众军将全力杀出。在郑军的反攻下，清军惨败，退回漳州城。

十二日，郑成功返回厦门，于校场设宴犒赏将士，论功行赏，并派人前往广西永历帝行在，禀报破清总镇王邦俊、提督杨名高，杀总督部院陈锦，败固山额真金砺的功绩，永历晋封郑成功为漳国公。④

由于东南沿海郡县饱受战争之苦，清廷逐渐认识到郑成功水军的优势，况且清廷急需集中兵力追剿西南反清势力，必须避免在东南沿海投入过多力量，加上对郑芝龙降清印象深刻，认为可以如法炮制。以及郑成功的部下多为漳泉潮惠之人，若令郑部在

---

① 黄宗羲：《赐姓始末 郑成功传》。
② 徐鼒：《小腆纪年》卷十八。
③ 杨英：《从征实录》。
④ 阮旻锡：《海上见闻录定本》卷一，福州：福建人民出版社1982年版。

接受招抚后就地驻防，可以满足郑部意愿，[①] 清廷开始考虑招抚郑成功。

早在顺治九年（1652年）十月，顺治皇帝即诏示浙闽总督刘清泰：

> 近日海寇郑成功等屡次骚扰沿海郡县，本应剪除。但朕思昔年大兵下闽，伊父郑芝龙首先归顺，其子弟何忍背弃父兄，甘蹈叛逆！此必地方官不体朕意，行事乖张；郑成功等虽有心向化，无路上达。又见伊父归顺之后，睿王令人看守防范；又不计其在籍亲人，作何恩养安插，以致成功等疑惧反侧。朕又思郑芝龙既久经归顺，其子弟即朕赤子，何忍复加征剿！若成功等来归，即可用之海上，何必赴京！今已令郑芝龙作书宣布朕之诚意，遣人往谕成功及伊弟郑鸿逵等知悉。如执迷不悟，尔即进剿。如芝龙家人回信到闽，成功、鸿逵等果发良心、悔罪过，尔即一面奏报，一面遣才干官一二员到彼审察归顺的实，许以赦罪、授官，听驻扎原住地方，不必赴京。凡浙、闽、广东海寇，俱责成防剿；其往来洋船俱著料理，稽察奸宄、输纳税课。若能擒斩海中伪藩逆渠，不吝爵赏。此朕厚待归诚大臣至意，尔当开诚推心，令彼悦服。仍详筹熟察，勿堕狡谋。[②]

郑芝龙也差人带着亲笔信函给郑成功，表示清廷想要赐地讲和，并调派两位官员连同海澄公印敕，以一府之地安插，由刘清泰作保，征询郑成功是否同意。郑成功为措粮饷裕兵食，将计就

[①] 刘耿生：《清廷与郑成功最重要的一次和谈内幕》，载《历史月刊》2002年第173期。

[②] 王先谦：《东华录选辑》，顺治九年十月丁未，见"台湾文献丛刊"第262种，台北：台湾银行1969年版。

计，回信给郑芝龙，指出闽粤地处海边，距离京师数千里，由京师而来的清军因为道途阻远，人马疲惫，加上水土不服，死亡殆尽。兵少则难以防守，想要兵多势必得召集人众，召集后粮食必定难以支撑，兵食无法支撑则地方必然不守。对方现在想要以三省王爵的虚名来招抚自己，如果清廷确实将三省地方交付给自己，那么就不会有南顾之忧，至于兵饷以外，也能让清廷享受利益，不是比劳师动众、空费无数帑金来得好吗？如果清廷没有给予自己地盘钱粮的支持，那就真的是故技重施了。①

顺治十年（1653年）三月，刘清泰获得郑成功从海上写给郑芝龙的书信后，上疏言及郑成功觊觎浙东、粤东等地，妄自安插自己的人马，而且言语浮夸，②与其让他在受抚后势力更加扩大，不如在他未受抚前详细谨慎处理。因此，顺治皇帝一面要他相机而行，在闽浙两省调兵一千驻守浦城，增设游击、守备等官防御，③一面又在金砺攻打海澄失败后罢兵，于五月初十再次下诏赐封郑氏一族爵位或官职，以招抚成功等人。

在清廷停战招抚期间，郑成功一边率军南下潮州，一边分遣各镇在漳泉各地征派军饷。十一月，顺治帝又诏谕郑成功，对他的疑惑进行解释：郑成功说郑芝龙为博洛所骗，枉屈、受抑数年，顺治则说自己亲政以来，优待郑芝龙，加升其官爵，和给予国家勋旧诸臣的恩礼没有差别，想必郑成功是全都知道的。另外，在原先的敕谕中只说给郑成功泉州地，并没有三府的说法，这是传话者的错误。但郑成功所言一府不足以屯兵，钱粮难以支

---

① 杨英：《从征实录》。
② 由于郑成功给父亲的书信中称子不称臣，称朝廷无"陛下"字样，才会让清朝官员认为态度不恭敬。参见查继佐《罪惟录选辑·罪惟录选辑二》，见"台湾文献丛刊"第136种，台北：台湾银行1962年版。
③ 《清耆献类征选编》卷二《刘清泰》，见"台湾文献丛刊"第230种，台北：台湾银行1967年版。

给，未尝没有道理，所以增加漳州、潮州、惠州三府，加上原本的泉州，共四府让他驻扎，又将四府的水陆寨游营兵饷都拨给他统辖下的弁兵，但还是不够的话，不再另行补给。不过，正课钱粮仍然要解送户部，管理民众的文官也全听吏部选举。郑成功原本管辖的武官，由他遴委，只要将姓名、职衔具奏，造册呈送兵部即可。另外，出海船只，郑成功可以稽查，收纳的课税，要送到布政使司再解至户部。①

顺治十一年（1654年）正月，郑芝龙又写信给郑成功，信中声称清廷已经派遣使臣带着海澄公印及泉、漳、潮、惠四府听任郑成功安插士兵的敕谕前来，月底就会抵达省城福州。郑成功于是也遣使前往福州接待。但双方使臣在见面礼仪上互不相让，因而不欢而散，清使臣决定直接前往安平与郑成功会面。

二月初六，郑成功前往安平，驻扎于东山书院，与清朝使者会面。次日，清使将印敕交收，不过郑成功并未将敕书开启阅读。

四月，郑成功一面向清廷假意投诚，但不剃发、易服，另一面派兵进攻闽浙沿海地区，逐步向福建省城挺进。同月十五日，刘清泰上疏，认为为了避免郑成功产生疑虑二心及有稽误玩亵之罪，应当立即敕谕他马上遵行剃发、读诏之令。同时，刘清泰还为郑成功请明关于地方钱粮之事。经过他的探查，自从清朝定制以来，漳泉两府及道标额设水陆官兵九千二百名，原无游寨名目，各营额饷应该全数拨给郑成功，潮惠两府也应该敕谕地方主事者及早商酌妥议，让郑成功的部队可以安置，有饷取给，不至于摇摆不定。刘清泰的建议，获得朝廷认可，下兵部详确速议具奏。②

五月，郑成功再度致书刘清泰，要求必须拥有三省才愿意和谈。刘清泰回信给郑成功，指出："至今犹屡执'三省相界'之说，胡为

---

① 王先谦：《东华录选辑》，顺治十年十一月戊戌。
② 《郑氏史料续编》卷二《浙闽总督刘清泰奏本》。

乎来哉？……无三省则舍我而忠于彼，有三省即弃彼而忠于我，此皆拂情影借之言，知非足下之心也。但念朝廷加思一番、尊公经营一番，不佞来此区画一番，天下事宁可瓦全，勿为玉碎！"①

七月二日，顺治皇帝又诏谕已被封为靖海将军、海澄公的郑成功：

> 闽峤苍生皆吾赤子，不忍勤兵。又念尔父郑芝龙投诚最早，忠顺可嘉。故推（思）[恩]延赏，封尔公爵，给与敕印；俾尔驻扎泉、漳、惠、潮四府，拨给游营兵饷，养尔部下弁兵。朕之推诚待尔，可谓至矣！尔自当薙发倾心，义不再计。今据尔疏奏，虽受敕印、尚未薙发，冀望委畀全闽；又谬称用兵屯扎舟山，就近支给温、台、宁、绍等处钱粮。词语多乖，要求无厌。乃复以未撤四府防兵为辞；尔尚未归诚，岂有先撤防兵之理！尔若怀疑犹豫，原无归诚实心，当明白陈说；顺逆两端，一言可决。今如遵照所领敕印，薙发归顺则已；如不归顺，尔其熟思审图，毋贻后悔！②

可以看出，清廷对于招抚郑成功，已经逐渐失去耐心。

八月，清廷又派两名使臣及郑芝龙的两个儿子入闽议和。十月，郑成功于安平接见清使。郑成功请使者先宣读诏书，商议后再剃发，使者以郑成功尚未剃发，不是臣子，无法轻易出示诏书为由拒绝。经过数日，双方依然僵持不让，清使没有向郑成功辞行就自行回到泉州。

清使的突然离开，让郑成功认为清廷想要故技重施，趁自己不备而擒。于是，他以书信向郑芝龙说明情形：

---

① 徐鼒：《小腆纪年》卷十八。
② 《清世祖实录选辑·顺治十一年》，见"台湾文献丛刊"第158种，台北：台湾银行1963年版。

盖叶、阿身为大臣，奉敕入闽，不惟传宣德意，亦得以奠安兆民。今百姓如此困苦、将士如此蕃多，在泉月余，目睹脱巾情形，未曾与儿商榷，徒以"薙发"二字相逼挟。儿一薙发，即令诸将薙发乎？即令数十万兵皆薙发乎？即令千百万百姓俱薙发乎？一旦突然尽落其形，能保其不激变乎？叶、阿二位不为始终之图，代国家虚心相商；而徒躁气相加！即李德亦儿差也，不令之来，而挟之去。使臣尚如此行动，朝廷可知也；能令人无危乎？能令人无惧乎？……大抵清朝外以礼貌待吾父，内实以奇货居吾父。此番之敕书，与叶、阿之举动，明明欲借父以挟子；一挟则无所不挟，儿岂可挟之人乎？……儿此时惟有秣厉以待，他何言哉？[①]

同月，郑成功遣师南下，准备与李定国等会师，开始第二次勤王。不过，因为李定国当时实力薄弱，郑军还没到广东虎门时，李军已经在广州失利，败走南宁。郑军也因此无法会师，只好返回厦门，第二次勤王行动亦告失败。

郑成功两次南下勤王未成的原因，可以从几个方面来分析：

其一，郑成功以金厦为基地，所部军力以水师为主，他的基本战略是只能以海岛为进退的据点，而行固本蓄锐、浅取近图的攻势战略。所以，他不能不重视巩固根基，刻意坚定金厦，故而难做远略深攻的打算。

其二，兵力不足，无法两面作战。郑成功开始组织义军时，兵员并不多，势力亦不大。即使在第一次南下勤王之前，虽然得到郑联、郑彩所属的官兵，也不过四万之众，以之固守金厦两岛，进行金厦外围突击战略尚能应付，如果要远程南下广东，两边分别用兵，就难免有捉襟见肘、实力单薄之感。所以，出师计划与兵力调配，以及补给支持等问题，他均须细心斟酌与妥善安

[①] 江日昇：《台湾外记》卷四。

排，等到一切部署完毕，已经耽搁了出师的时间。

其三，风信不顺影响会师。风信不顺，对郑成功出兵南下勤王会师的影响很大。如顺治八年（1651年）二月，郑成功率兵抵达白沙湖时，因遭狂风暴雨，官兵、船只以及军备均受损失，他的坐船几乎覆没。此后，李定国虽然继续来书，请他出兵南下会师，但因均值东南季风盛发时节，使他踌躇不前，犹豫难决，影响了他遣兵会师的决心与行动。

其四，郑成功的部队多数籍隶东南沿海各省，其中尤以福建沿海的居多，因此，以他们据守此一区域内的沿海岛屿，进行海上角逐，争取沿海江口的郡县，确实克奏肤功。但要是让他们远适异域，或是深入内地，翻山越岭，那就堪虑了。如第一次勤王途中，郑成功忽然接到快报，说是厦门遭清兵袭破。因为郑军官兵多属闽籍，眷属又都在厦门，当他们听到厦门沦陷时，无不思念家小，归乡心切，不愿再南征，这迫使郑成功不得不中止南下行程，班师回闽。

其五，和议牵制，延误出征时间。郑成功在第一次南下勤王失败后，进兵长泰、诏安、平和、海澄，围攻漳州等地，每每使清兵受挫，而在西南的李定国亦进兵楚粤，攻克蓝田、武冈、宝庆、桂林，斩杀孔有德、尼堪等，一时声势大振，迫使清廷两面作战，难以应付。于是清廷使出招抚之策。对此，郑成功将计就计，权措粮饷以裕兵食，但由于和议时间拖得过久，耽搁了他对于李定国要求出兵会师勤王的事。[①]

顺治十一年（1654年）十一月，郑成功命令洪旭、甘辉等率军攻打漳州，清千总刘国轩开海澄城门纳之，漳州其他县也跟着归附，郑成功派饷得银一百零八万。十二月，郑成功派兵分别攻下同安、南安、惠安等县，其余安溪、永春、德化各县，不战而

[①] 魏永竹：《郑成功南下勤王之探讨》，载《台湾文献》1982年第33卷第1期。

降，郑成功派饷得银七十五万。① 至此，除泉州城为清将韩尚亮固守不下外，漳州、泉州地区几为郑成功所有。

郑成功的攻势逼得清廷再次商讨是否应该尽快调派军队前往剿灭。十二月，顺治皇帝诏谕督抚镇整顿军营，固守汛界，同时命令济度（吉都）为定远大将军，率师讨伐郑成功。顺治帝并采纳福建巡抚佟国器的建议，下令广东、南赣督抚调发水师到厦门，准备前后夹击。②

郑清议和之所以不能成功，最重要的因素在于双方关系未能确立。在清廷认为，清与郑是君与臣、中央与地方的关系，但是怀抱着反清复明目标的郑氏，则认为彼此是两个平等的主体。由于双方定位始终暧昧难明，郑清谈判最终破裂。③

次年正月，郑成功再遣甘辉督率诸镇攻仙游，遭遇清将及地方官的坚守，不能攻克，后来采用挖地道入城的策略，才陷仙游。④ 在攻克兴化后，郑成功写信给福建巡抚佟国器称：

不佞用兵十余载，□□大计，蚤已熟筹矣。亦聊用吾兵左驱右驰，使清朝稍知痛痒，地方各官亦□困苦。台台若自度德量力，能与我战，则可速来，一决雌雄；不能与我战，则宜早从吾言，将地方可静，钱粮可输，百姓可安。此实清朝之大利。不佞亦何难再申前信，以舒东南之民命也。

对此，佟国器回复道：

---

① 杨英：《从征实录》。
② 《清世祖实录选辑·顺治十一年》。顺治皇帝也曾下达相似的诏谕给安南将军达素与罗托。
③ 施懿琳：《假面英雄郑成功——从郑清往来书信谈起》，载《岛语》2003年第3期。
④ 徐鼒：《小腆纪年》卷十八。

从来窃发海上者□乏人矣，其不能离于海，犹鱼之不脱于渊也。庙堂深谋，以为兴师动众于渊波浩□之中，劳民而费财，不若收其英杰，使相统御，居民得以永逸。此不过以海治海之策。所以纶恩频颁，诏使叠至。……若乃拥乌合之众，奋螳臂之势，九重之上，赫然一怒，大师南指，岂尚有逆我颜行者乎？抑或悬五等之赏，以待海上之士，执事肘腋之间，岂无有怀我好音者乎？①

漳泉两地大部分的归附，使郑成功势力大增。他有鉴于和议不成的话，势必得东征西讨，于是模仿明朝中央政府架构，大举扩充所属官署。顺治十二年（1655年）二月，郑成功将中左所改为思明州，以薛联桂、邓会先后知州事。②又因事务繁多，没有专门负责之人，所委任文武职衔又一时来不及向永历帝奏闻，故永历帝让其权宜委用：武职允许委任到一品，文衔准许设六部主事，且主事秩比行在侍郎，都事秩比郎中，都吏秩比员外。在此前提下，郑成功设立六官理事，设协理各一员、左右都事各二员辅佐，及察言、承宣、审理等官。以潘庚钟管吏官事，张玉为吏官左都事；洪旭管户官事，林调鼎为户官左都事，吴慎为右都事，杨英、陈中出征加衔都事；郑擎柱管礼官事，吕纯为礼官左都事；张光启任兵官事，黄璋为兵官左都事，李胤为右都事；程应璠管刑官事，杨秉枢为刑官左都事，蔡政加衔都事，张义为刑知事；冯澄世任工官事，李赞元为工官左都事，范斌、谢维俱都事。再以常寿宁为察言司，邓愈为承宣司，叶亨为承宣知事，邓会、张一彬为正副审理。③郑成功又将所统领的数十万名士兵分

---

① 以上二书见杨英：《从征实录》。
② 阮旻锡：《海上见闻录定本》卷一。
③ 杨英：《从征实录》。郑成功原先设立的是司务，但张名振条陈不宜僭设司务，成功遂改司务为都事。

为七十二镇，遥奉永历年号，承制封拜，朝服北面稽首，焚疏于永历帝座，称为恢复之师。并且每月给予鲁王米肉，赠粮给泸溪、宁靖诸王，还礼遇王忠孝、沈佺期、辜朝荐、纪许国、郭贞一、卢若腾、华若荐、徐孚远等明遗臣，作为咨询对象。最后，还设置储贤馆、储才馆、宾客司等劝学取士，获得黄带臣、洪初辟等四十人，依次任命为六官属员如监纪、推官、通判等，并设立印局、军器局等机构。①

三月，永历帝派人来到厦门，赍赐敕印，颁发勋爵。郑成功让众人受封袭爵，自己则推辞潮王的封号。四月，郑成功又擢升前锋镇赫文兴为左提督、前冲镇万礼为后提督，戎旗镇王秀奇为右提督，改援剿右镇余新任前锋镇，援剿左镇林胜为戎旗镇，英兵镇黄梧为前冲镇，以戎旗亲随营黄昌管理援剿左镇。并通行各提督统领挑选精锐官兵拨入戎旗镇，镇内经制开设五协，每协五正领、十副领，每副领管理五十员。协将授予副总兵衔，正副领参将衔，班长守备衔，冲锋官把总衔，再调拨洪复、王朋、江春、黄安、江文英分别管理中前左右后协。杨祥为神机营。

九月，当郑成功得知济度统率三万满汉士兵抵达福建，并调集一万兵马准备进攻厦门时，集合众人商议该当如何应对。冯澄世认为，清方熟悉骑射，如果是陆战，很难说谁能赢得胜利，况且敌军有充足的粮饷和从四方调集而来的人马，一旦郑军锐气受挫，就会人心摇动，军威难振。与其如此，不如将军队全数撤回厦门好好固守，养精蓄锐，清军不擅水战，郑军可以以逸待劳。

十月，济度带着部队到达泉州后，在得知郑成功退守金厦，毁坏安平及漳州、惠安、南安等地城墙时，济度认为对方已经黔驴技穷了。于是，他命令各府县赶工修复城池，督造战船，派遣使者带着诏谕到厦门招抚郑成功，但被郑成功拒绝。在准备就绪后，济度令韩尚亮为先锋。郑成功则令林顺、陈等等人率领十四

---

① 徐鼒：《小腆纪年》卷十八。

艘大战船前往围头上风处待命。

韩尚亮等出围头后与郑军相遇大战，郑军王明和陈等率领船只冲入，击沉数只敌船，加上林顺的合攻，韩尚亮只好紧急撤退到围头。济度也从泉州率领众船到围头。然而当夜忽然狂风大作，在船上的满军官兵全都因为船只过于颠簸而晕眩，船队亦无法成形，济度只好退回泉州，一时之间无法进攻厦门，这让济度颇为烦躁。此时，有人进策言及金门白沙寨是郑鸿逵隐退之处，有很多积蓄，如果能够夺下该地，就可以孤立厦门。于是，济度以王进功为帅率领水师前往攻打，但在半途遇到正在巡逻的郑军洪旭船队，洪旭一面接战，一面差遣快哨飞报郑成功。郑成功命令林顺、杨祥等出发援助。王进功在与洪旭激战之际，忽然看到郑军船队到来，为免被困，马上指挥众船退回泉州港。[①]

招抚郑成功迟迟无果，顺治皇帝将目光转向其他未降之众。据《清实录》记载，顺治十三年（1656年），顺治帝敕谕江南、浙江、福建、广东督抚镇等官：

> 本朝开创之初，睿王摄政，攻下江、浙、闽、广等处，有来降者，多被诛戮，以致远方士民疑畏窜匿，从海逆郑成功者实繁有徒。或系啸聚有年，未经归化；或系被贼迫胁，反正无由；或系偶陷贼中，力难自拔。原其本念，未必甘心从逆。此辈皆朕赤子，迷罔无知，深可悯恻！今欲大开生路，许其自新。该督、抚、镇即广出榜文晓谕：如贼中伪官人等有能悔过投诚，带领船只、兵丁、家口来归者，察照数目，分别破格升擢；更能设计擒斩郑成功等贼渠来献者，首功封以高爵，次等亦加世职。同来有功人等，显官厚赏，皆

---

① 江日昇：《台湾外记》卷四。

所不容。……其前此陷贼官民及新归人等，该地方官问明来历，尽心安插。原有田产，速行察给；即无田产，亦设法周恤，务令得所。

同年正月，郑成功令苏茂、黄梧攻取揭阳。由于苏茂轻敌冒进，损失惨重。三月，郑成功以苏茂身为统领先锋，慢师轻敌，擅自出兵，导致黄胜、林文灿诸军覆没，罪该论死，便将他斩首示众。黄梧原本也当斩首，但在众将的请求下，被责罚五百副铠甲。之后，郑成功计划向北挺进，他命令王秀奇、苏明与黄梧留守海澄。然而，苏茂的被杀使黄梧深感恐惧，而清廷方面，济度虽然恢复漳泉诸县，但因为海澄枕山依海，炮台坚固，自己屡攻不下，所以想方设法诱降郑军将领。于是，黄梧在六月挟持苏明同行，率众以海澄县向清廷投降，被封为海澄公，留驻漳州。

海澄的失守对郑成功来说是一个沉重的打击。首先，海澄是郑氏储藏粮饷的主要场所；其次，海澄的失守，一时阻碍了郑成功北上亲征的计划；再次，海澄为金厦门户，历来派有重兵把守，它的失守意味着郑氏集团的根据地有随时被清军征讨的危险。[①] 在既失险要又丧军实的情况下，郑成功决意在清军尚未发动攻势前先下手为强。由于济度与刘清泰此时都驻扎在漳州，福州防备空虚，郑成功认为如果能趁着南风抵达闽安，夺取福州，那么漳泉等福建下府就能尽归其所有了，就算清军要救援，也是疲于奔命，徒劳无功。

七月，郑军转取闽安，八月兵围福州。当时，福州城中士兵只剩百余人，当地绅衿以疑兵之计令郑军不敢冒进，清军也从后方突袭围城郑军，城围遂解。

---

① 吴玫：《论黄梧降清》，载《台湾研究集刊》1987年第4期。

黄梧降清后，向清廷推荐施琅，[①] 并认为郑成功之所以无法剿灭的原因，在于有福州、兴化等府的接济。这样一来，郑成功南由惠州、潮州取得稻米，因此粮食食用不尽；中由兴化、泉州、漳州取得货品，所以薪饷没有问题；北由福州、温州取得木材，能够打造无数的战船。如今虽然有禁止沿海接济的法令，但却不得要领，有禁等于没禁。敌方战船飘忽无常，从福州、兴化到惠州、潮州只需要两天的时间，但是福建、广东分疆而治，水陆指挥之权没有统一。因此，应该下令沿海的督抚镇臣与自己一起商议防海事宜，平时共同严防接济郑成功的地方。

此外，黄梧还进献了剿灭郑成功的几项策略：

第一条，将军队驻扎海边以防堵敌人登岸。因为郑成功常常趁着春收时，派遣将领四出派饷，在驻扎于城内的官军出城追赶时，郑军早就跑远了。所以，应该将重兵分别驻扎于福兴泉漳的海边险要之地，来回疾速追剿，这样，敌人就不敢登岸了。

第二条，制造小船以谋取厦门。郑成功以厦门为根据地，与内陆只有一水之隔，小船可以到达，但陆上将官却丝毫没有前往的意思，才会导致郑成功能够凭借险要地势据守到现在。所以，要在漳州港多造些八桨小船，趁涨潮时渡海，如此一来，郑成功就会感到害怕，一定会完全撤离驻扎于其他地方的军队回来防护，自身也不敢离开厦门半步。然后清军再陈列水师压境，招抚、间谍并用，不出两个月，就会有内变发生，可以很轻易地擒住郑成功。

第三条，清查敌人财产来充裕招抚时所需要的资金。郑成功

---

① 施琅在郑成功部下积功日高，恃才而骄，且多次在用兵策略上与郑成功发生冲突，造成两人关系恶化。顺治九年（1652 年），施琅亲兵曾德犯法，逃至郑成功营。施琅擒回曾德，郑成功虽驰令勿杀，而施琅竟杀之。其后郑成功捕施琅及其家属，施琅以计逃脱。郑成功怒杀其父施大宣、弟施显。施琅得此消息，遂降清。

和部下的财产大多委托别姓掌管，黄梧知之甚详，因此朝廷应该命令督抚会同黄梧本人彻底清查，没收后作为兵饷之用。现在那些想要归附朝廷的海上敌将有很多，但主事者因为时艰缺饷而不敢接纳。敌财既然清查没收了，就能够用来招抚敌兵，那么要瓦解郑成功的党羽就很容易了。

第四条，取缔五大商，杜绝对郑成功的接济。郑成功于山海两路各自设立五大商，替他行贿取利，最近还偷偷搬到府城，替他们的子弟谋取举人、生员资格作为护身之用，甚至暗地里买卖禁品，通风报信，贻害很大。所以，需要诏谕督抚严查定罪，才能将其一网打尽，进而达到杜绝接济的效果。

在顺治皇帝下兵部密议后，黄梧上述意见获采用。同时，黄梧还建议将郑芝龙处斩，因为全天下的人都认为朝廷留他一命的用意，是为了招抚郑成功。因此郑军中想要投诚的也持观望态度，官军则是不敢尽全力消灭他。因此，一定要尽快将郑芝龙杀掉，那么，那些观望之人就会大举投诚，独自一人的郑成功很容易手到擒来。

有关郑成功设立的五大商，黄梧的说法是有具体事实可循的。根据福建巡抚许世昌的奏本，顺治十一年（1654年）正月十六、十七等日，曾定老等从郑成功兄长郑祚手中领出二十五万两银子，前往苏杭两府置买绫绸、湖丝、洋货等，并将货品全数交给郑成功；顺治十二年五月初三、四等日，曾定老又从郑成功管库伍宇舍手中领出五万两银子，前往日本做买卖；顺治十二年十一月十一、十二等日，曾定老再度从伍宇舍处领出十万两银子，每两每月利息一分三厘，于顺治十三年四月将银及湖丝、缎匹等货搬运入海贸易，折还母利银六万两，剩余四万两交付曾定老等当作接济资金。

曾定老不仅帮郑成功经商，同时还是郑成功的耳目，替他打探清军动态。同时，其子曾汝云收到郑成功的密令，想办法获得生员、举人资格作为护身符，以便探知内地消息。①

　　同样地，浙闽总督佟代也曾上奏汇报地方民人通洋接济郑成功之事。如福建人林行可等即潜运麻油钉铁等项资助郑成功，并购买造船巨木，放木入海到兴化等地打造战船；方元茂等合伙运载胡椒、苏木、铜锡、象牙、鱼皮、海味、药材等货，贸迁有无，以为郑军之资；杜昌平、谢德全等兴贩纱缎、丝绵、药料、磁油等数量庞大的货品，从江浙一带经陆路由温州府转运福宁州出海谋利。②

　　由于连续破获此类案件，顺治皇帝便于顺治十三年（1656年）六月敕谕浙江、福建、广东、江南、山东、天津各省督抚镇申饬沿海一带文武各官，严禁商民船只私自出海，如果有将粮食货物与郑军贸易的，不论是官是民，都予以处斩，货物入官。该管地方文武各官，没有盘诘擒缉的话，会被革职从重治罪，而通同容隐、没有告发的地方保甲则处死。此外，凡是沿海地方，大小船只可以停泊登岸的港口，防守各官还得相度形势，设法拦阻，处处严防，不许片帆入港，让敌人登岸。③

第二节　南京之役

　　顺治十四年（1657年）二月，郑成功再次拒绝了郑芝龙的劝

---

　　① 《郑氏史料三编》卷一《福建巡抚许世昌残题本》，见"台湾文献丛刊"第175种，台北：台湾银行1963年版。尽管郑氏五商屡屡被查获，但并没有伤到根本。顺治十四年（1657年）二月，郑成功还行令对居守户官郑宫传察算，裕国库张恢、利民库林义等稽算东西二洋船本利息，并仁义礼智信、金木水火土各行出入银两。参见杨英《从征实录》。
　　② 《郑氏史料续编》卷三《浙闽总督佟代题本》。
　　③ 《郑氏史料续编》卷四《申严海禁敕谕》。

降，并准备大举派军北征。

郑成功拟对清方采取大规模的军事行动，是由许多因素促成的。首先，他认为当时清朝正处于内忧外患之中，势力逐渐衰弱，而代表明朝正统地位的永历皇帝已经移往云南，中原地区必须有人起来号召抗清。其次，先前与清廷进行一系列谈判时，他趁机补充粮饷，扩大军队实力，自认为可以和清朝一决胜负。第三，郑成功认为清廷在与他进行多年谈判一无所获的情况下，必定会出兵前来征讨，基于战略考虑，派兵进攻浙江和南京，可让清廷措手不及，同时也可以减轻清军对他南方基地攻击的压力。第四，在过去双方数度谈判中，清廷多次拒绝他提出的要求，郑成功决定向清廷展示军事实力，让清廷不敢轻视他的实力。另外，如果能从清廷手中夺取南京，就可以掌控长江流域的资源，进而拥有半壁江山。权衡局势发展，他决定采取主动进兵的策略。[①]

顺治十四年（1657年）七月，郑成功以洪旭、陈辉防守金厦，自领船北上，先后攻下闽安、黄岩、台州、海门等地。清军在侦知郑军精锐皆已北上后，突袭夺回闽安镇。郑成功担心金厦也会跟着失守，只得从台州撤离。

闽安败后，有鉴于地方频得频失，郑成功自忖若能攻入南京，则东南半壁皆为其所有，因而向众将佐询问今后相关策略。潘庚钟认为漳泉沿海百姓苦于战争，而且偏安一隅无法号召天下，应该统领战舰由瓜洲、镇江夺取江南。只要能攻下南京，闽粤黔蜀各地的英雄豪杰自然会响应。对此，甘辉认为江浙地广，需要动用数十万军队，如果倾巢而出，金厦两岛会被突袭陷入危险。与其如此，不如退守，等待时机攻取。潘庚钟进一步说明清

---

① 吴正龙：《南京之役后郑清和议再检讨（上）》，载《大陆杂志》2000年第100卷第3期。

廷所以没攻取两岛,是担心滇黔等地的牵制,如果他们汇集全部力量来攻,还能保住金厦吗?如果己方率领军队深入占领长江,阻截对方粮道,他们都自顾不暇了,哪有余力攻打金厦两岛。冯澄世则认为就算不拿下江南,清军也是不会忘掉金厦的。陈永华基于攻取江南,金厦自然安全,苟且偷安只会让军队失去战斗力的理由,赞同潘庚钟的说法。

议定之后,郑成功派人拜见永历帝,表达将要攻取江南之意。为了奖励郑成功,永历帝封其为延平郡王,可以依情况自由任命官员。郑成功因此增设了长史、审理、典宝、典杖、典仪、典膳诸官,一切依王府规格行事。①

顺治十五年(1658年)二月,郑成功开始增制兵甲,陆续调集各提督统领班师返回厦门选练征剿。四月,郑成功率军秘密南下,趁着涨潮之际,迅速偷袭许龙,获得无数辎重米粟,破其巢穴,以免他在海上出没,使北征的郑军有南顾之忧。

七月,郑成功调回在各地征战的提镇舟师,并加紧训练军队。他将所拥有的十七万名水上士兵,分为五类:五万人练习水战,五万人练习骑射,五万人练习步击,一万人作为策应,一万人为前锋。②

八月,郑成功以中提督崇明伯甘辉为前部先锋,统领左虎卫陈魁铁人五千、护卫兵一万,及宣毅前镇陈泽、宣毅后镇吴豪、前冲镇刘巧、右虎镇陈鹏、后劲镇杨正、左冲镇郭义、后冲镇刘进忠、水武镇朴世用等兵一万,配坐二十只大熕船、二十只鸟船、十只快哨为首行部队;右提督建威伯马信,统领右先锋镇杨祖、援剿左镇林明、殿后镇黄昌、亲兵镇黄应、智武镇蓝衍、木武镇黄昭、正兵镇杨世德、火武镇魏标等兵二万,配坐三十只大

---

① 徐鼒:《小腆纪年》卷十九。
② 徐鼒:《小腆纪年》卷三十八。

战船、二十只赶缯船、十只快哨次行接应；后提督建安伯万礼，统领援剿右镇贺世明、右冲镇蔡禄、宣毅中镇李化龙、神器镇杨祥、援剿中镇蔡文、宣毅左镇黄安、宣毅右镇巴臣兴、奇兵镇张魁等领兵二万，配坐三十只大煩船、二十只艍船、十只快哨三行接应；郑成功自己率领侍卫陈尧策、五军都督张英、左武卫林胜、右武卫周全斌、吏官潘庚钟、户官林俞卿、礼官黄开泰、行营刑官程应璠、兵官张煌言、工官冯澄世、闽安侯周瑞、辅明侯林察、定西侯张名振、平北侯周鹤芝、忠定伯林习山、亲兵镇杨好、中权镇李泌、祥符伯五军戎政王秀奇、援剿前镇戴捷、援剿后镇刘猷、护卫右镇杨衍、参军林奇昌、纪许国、蔡鸣雷、监纪柯平等，配坐水师前镇阮美、一镇洪善、二镇蔡福、三镇林德、四镇毛玉、五镇陈瑞等船共一百二十只、兵四万殿后，号称十万大军、大小战船八千余艘。①

郑军首先攻陷浙江平阳、瑞安、乐清、宁海，进取温州、台州二府城，再与张煌言会合，准备驶入长江，不幸途中遇到台风，退泊舟山，② 知县徐福率领父老出降。③ 不久后，郑师水军又再度遇到台风，损失惨重，郑成功只好返回厦门。④

顺治十六年（1659年）四月，郑军齐到定关后开往宁波港。⑤ 五月，利用清军分兵三路进攻贵州，江南防备空虚之际，郑成功再次率领船队北上经舟山抵崇明。但由于该城小而坚，攻取不易，耗费多时，守将梁化凤又假意投降，郑成功在思考过后认为先取瓜洲以截粮道，崇明不攻自破，便沿着长江向瓜洲、南

---

① 江日昇：《台湾外记》卷四。
② 《清史稿台湾资料集辑·列传》。
③ 徐鼒：《小腆纪年》卷十九。
④ 徐鼒：《小腆纪年》卷三十八。
⑤ 阮旻锡：《海上见闻录定本》卷一。

京挺进。①

六月十四日，郑成功首先将军队停靠在镇江附近的焦山，在上面筑坛，以太牢祭告明太祖朱元璋。在祭礼完毕后，郑成功认为瓜洲、镇江是南京门户，应该先行占领，于是派遣马信、余新进夺谭家洲，张亮带着善识水性之人诱使清军发炮，毁坏清军防御设施。张煌言则会同罗蕴章等候清军防御设施被破坏后，再进据瓜洲上流，焚夺木城。郑成功与甘辉、翁天佑等直捣瓜洲。十七日，郑军攻上瓜洲，前后夹击，瓜洲破。十八日早晨，郑成功传令各船只齐往上游，并于隔日进泊镇江南岸七里港。②南京急调兵一万五千前往救援，其中一半是骑兵。由于清军轻敌，以为骑兵必胜，反而连吃败仗，提督管效忠以步兵退守镇江府以西二里的银山，并将骑兵调移至主要干道防御，郑军则驻扎在银山对面的山上，双方只隔一港。③

郑成功有鉴于银山靠近镇江府治，是兵家必争之地，于是在夜里率兵进攻，④双方于二十二日战于北固山。⑤郑成功亲督周全斌、陈魁迎战。周全斌直冲敌锋，在阵后以长绳为界，有兵退至绳者处斩。以是，郑军奋勇争先，清军溃败，管效忠逃至南京。⑥郑军以二千士卒歼灭敌军万余人，己方则只伤亡数人而已，并缴获军械无数。镇江各级官员在城上见到郑军雄壮，摧锋陷阵，斩杀无遗，心知不敌，于是率领兵众数万出降。

七月，郑成功以张煌言为前驱，自己率领数千战舰、十余万

---

① 倪在田：《续明纪事本末》卷七《闽海遗兵》，见"台湾文献丛刊"第133种，台北：台湾银行1962年版。
② 杨英：《从征实录》。
③ 彭孙贻：《靖海志》卷三。
④ 郑亦邹等：《郑成功传》。
⑤ 倪在田：《续明纪事本末》卷七《闽海遗兵》。
⑥ 彭孙贻：《靖海志》卷三。

部众殿后，顺着长江进攻南京。① 当张煌言的军队离开镇江还没到达仪征时，当地吏民就已经在离城五十里处迎降，连安徽芜湖都主动请降。有鉴于芜湖是南京的上游门户，南京又非一日可下，如果没有扼守住，等到清廷江楚之师来援，情况会非常危急。于是，张煌言带着军队直奔芜湖，在衡量完形势后，派出四支军队：一军出溧阳窥广德，一军镇池州截上流，一军拨和州固采石，一军入宁国图徽州，并传檄各府县。安徽省境内长江南北各地争相归降，总计四府三州二十四县。② 此外，众多江楚鲁卫人士也前来造访，接受节制，允诺回去后起兵响应。③ 又有父兄令子弟先投郑军预备后路者，而王公驰书乞给牌札的，也比比皆是。④

然而，进攻南京的郑军主力部队却遭到失败的命运。当时，郑军在如何攻打南京的策略上出现分歧，甘辉认为应该北取扬州以阻断由北方南下的军队，南据京口杜绝由两浙而来的漕粮，严格扼守要地，号令各府，就可以围困南京；⑤ 潘庚钟则表示不可贸然进攻，应当暂时留在瓜洲、镇江，派遣将士分据淮阳诸府，扼住咽喉，断绝京师数百万满汉民兵所依赖的粮道，收拾人心，

---

① 王先谦：《东华录选辑》，顺治十六年八月己丑。
② 三余氏：《南明野史》卷中。
③ 张煌言：《张苍水诗文集·北征得失纪略》，见"台湾文献丛刊"第142种，台北：台湾银行1962年版。
④ 杨英：《从征实录》。郑成功此时的声望达至顶峰，气势如虹，不但楚豫震动，远从千里而来致送粮食者也唯恐人后。例如芜湖、扬州榷关使者上供税课，府县官上缴官印先到者有三十七人，在道者不胜其数。他们都穿着明朝服饰前来，被授予原官离去。那些没有立即上缴官印者，乡里的绅衿大多到官府强迫他们献上相关册籍。其他竖旗响应而起者，达数千部之多。参见查继佐《罪惟录选辑·罪惟录选辑二》。
⑤ 汪荣宝：《清史讲义选录》，见"台湾文献丛刊"第221种，台北：台湾银行1966年版。

再伺机而动。① 他们的意见都被郑成功否定，郑成功认为兵贵神速，现在是千载难逢的机会，应该赶快恢复故都，号召天下豪杰响应。否则，等到清朝援兵从四面八方赶来，己方首尾受敌，就会被孤立。② 此外，张煌言也来信催促他赶快行动。③ 于是，郑成功出兵攻打南京。甘辉建议利用当下势如破竹的情况，走陆路一举攻下南京，或是先攻破南京附近州县以断绝援兵，使其孤立难守。倘由水路进兵，可能会因为风力的原因而延迟，等到清廷援兵一来又得大费功夫。但郑成功不顾此议，以走水路为便，率领千艘战船、数十万水陆军于初七日到达南京外郭观音门外。

十二日，郑成功率领诸将由仪凤门登陆后，屯驻于南京西北的狮子山。随后，郑成功命令众船在江东门外从上新河到芦洲北岸一字排开，阻断长江南来北往的要路，并亲率十余名骑兵巡历南京城，寻找适合构筑营垒的地方。他命令马信、黄昭、萧拱宸于汉西门扎营，与林明、林胜、黄昌、魏雄、杨世德的堡垒连成一气；陈鹏、蓝衍、蔡禄、杨好屯驻东南角，依水为营；刘巧、黄应、杨正、戴捷、刘国轩屯西北角，傍山为营；张英、陈尧策、林习山屯岳庙山，连接诸宿镇作为郑成功大营的护卫；设置鹿角望楼，深沟木栅；留下甘辉、余新屯驻狮子山，万礼、杨祖屯驻第二大桥山，翁天佑屯驻仪凤门要路。④

十六日，清军以千名骑兵逼近余新营地败北，操江巡抚朱衣助被擒，因为郑成功视他为腐儒，觉得杀了他会弄脏自己的剑，就把他放了，不意却带来严重的后果。朱衣助回去后向两江总督郎廷佐报告郑军只有数万人和数百艘船，瓜洲、镇江的沦陷是因为一时无备，现在可以派人前去请求宽限时日来使对方骄傲轻

---

① 江日昇：《台湾外记》卷四。
② 汪荣宝：《清史讲义选录》。
③ 杨英：《从征实录》。
④ 徐鼒：《小腆纪年》卷十九。

敌，然后想好守御的方法，等待援兵打败对方。于是，郎廷佐遣人请求郑成功依照清朝守城超过三十日，罪不及妻孥的惯例，给他们三十日的宽限。

对此，潘庚钟表示：言词卑下者一定有诈，没有约定却主动请和，势必另有计谋，要降就降，岂会眷顾到妻子，这很明显是缓兵之计。郑成功则表示自舟山兴师到现在，战必胜，攻必取，对方岂敢使用缓兵之计，攻城是下策，攻心才是最重要的，如今对方既然已经前来投降，突然攻击无法让他们心服。甘辉也认为用兵贵在先声夺人，对方人数少于我方，又正值对方战败、人心尚未稳固之际，是最好攻取的时刻，等到他们防守巩固，就很难处理了。同时，张煌言也从芜湖寄信来劝谏郑成功。但连战连胜使郑成功志得意满，不将对方看在眼里，也不接受部将的建言，仅仅命令城外各营困守，等待对方投降。[①] 郑成功的轻敌使守城清军得到喘息之机。二十二日，清将梁化凤等于夜晚在神策门挖洞出城，各自带着骑兵突袭郑军营地。二十三日晨，清军水陆并进，多点出击。郑军各营由于信息不通救援不及时，积小败而成溃散，甘英、万礼、张英、林胜等十多名高级将领阵亡。南京之役以郑军惨败告终。

综观郑军北伐南京失利的原因主要有如下几点：

首先，就当时的整个政局言，清朝的统治地位已经逐步得到巩固，在这样一个总的趋势下，郑成功即使打下南京，也难以达到复明的目的，终究要成为清军的下一个进攻目标。

其次，郑成功所采取的以海为家、以攻为守的战略，也只能在局部上做到以战养军，以战扩军，进而既保存自己，又牵制清军。但郑成功的势力，还远远没有发展到足以割据一方，动摇清廷的统治，或是能左右粤闽浙三省局势的程度，因而他统率十余

---

① 徐鼒：《小腆纪年》卷十九。

万大军进兵南京,必然会处于孤军无援的地步。

最后,在局部上,郑成功也犯了许多无法弥补的错误,暴露了本身的弱点,最终导致南京战役的彻底失败。

郑成功的主观失误和弱点,归纳起来有以下几点:

第一,进军速度缓慢,丧失有利战机。在南京战役中,郑成功还是有不少战机的。第一个战机是六月十八日以前,当时从西南方赶来的清军还没有到南京,南京清军仅仅是哈哈木的驻防旗兵和郎廷佐标下的绿营官兵等,郑军完全有可能强攻夺取南京。第二个战机是六月十八日以后的几天内,从西南来的清军是分乘四十艘船赶来的,大部分官兵都没有战马、甲胄、弓箭。第三个战机是七月十五日以前,苏松和浙江等各地援军尚未到齐,而清将梁化凤的援军于十五日才赶到南京。以上几个有利战机,都因为郑军进军缓慢或围而不攻而错过了。郑军于五月十八日到达崇明后,理应加快进军速度,特别是瓜洲、镇江二役后,更是应该乘胜全速挺进,尽早抵达南京围城,但是郑成功于七月十二日才开始立营围城,前后共花了四十二天。如果以清军的援军速度与郑军的进军速度相比,清将梁化凤从丹阳到南京仅用了一个晚上的时间,而郑军从镇江到南京却用了十多天的时间。郑军的进军速度缓慢,使南京清军有足够时间,得以从容做好准备。

第二,错误的指导思想,导致骄兵惨败。郑军到达南京以后,首先应当把南京城团团围住,然后截断交通要道,阻击各地援军,迫使南京清军投降,或者是郑军登岸围城之后,应该及时全力攻城。但是郑成功却按兵不动,消极等待清军投降,特别是自从攻陷瓜洲、镇江以后,郑军骄傲轻敌,对清军的一些明显行动,都没有足够重视,这与郑成功的指导思想有很大关系。他认为,自古以来,攻城略地杀伤必多,所以不立刻攻击,而是等到对方援军齐集再毕其功于一役,加以击杀。郑成功的这一思想,导致了战役的失利。

第三,郑军不善于陆战,也是这次战役失利的主要原因之一。这可在崇明战役中看出。郑军在完全围困崇明县城,明显处于优势的情况下,不但没有攻下崇明县城,反而损兵折将,最后不得不退回金厦基地。[1]

第三节 驱荷复台

郑成功自江南败归后,由于清政府实施迁界,严禁沿海百姓为其接济,加上永历帝已经逃至缅甸,声援日少。此外,黄梧又上平海五策,对郑成功之后的发展给予致命打击。郑成功遂萌生攻台的想法。郑成功进军台湾的主要动机,可以分为几个方面:第一是以台湾作为抗清的根据地,以实现恢复中兴的夙愿;第二是为了维护海商集团的利益,在大陆沿海难以固守的情况下,另辟新的海上贸易基地,以便广通外国;第三是由于郑氏与荷兰之间的矛盾;第四是为了台湾同胞免受荷兰侵略者的欺压。[2]

郑成功收复台湾的全过程,大体上可以分为准备、渡海登陆、进攻、围困等四个阶段。[3]

第一阶段,自南京之役败北退据金厦起,至顺治十八年(1661年)三月二十三日郑军离开金门进军台湾止,为准备时期。对于台湾的情况,郑成功的情报主要来自何斌。当时身为荷兰通事的南安人何斌到厦门向郑成功进言:台湾沃野千里,为四省要害,鸡笼、淡水产有硝磺,而且横越大海,到外国四通八达,耕种可以足食,兴贩铜铁可以足用,如果将诸镇兵士眷口迁到台湾

---

[1] 安双成:《有关郑成功攻打南京的若干问题》,载《历史档案》1988年第3期。

[2] 颜章炮:《大陆学者如何评价郑成功》,载《文史知识》1990年第5期。

[3] 季云飞:《郑成功收复台湾谋略运用演变之探析》,载《台湾研究》2002年第1期。

生聚教养，则民可富，兵可强，进可攻，退可守，是称霸的理想地方，况且当地住民长期以来受到荷兰侵略者的凌侮，早有反抗之心。郑成功已经拥有台湾的门户金厦两岛，只要再夺取澎湖，一夕之间就能到达台湾。为了增强郑成功攻台的信心，何斌还出示台湾地图，解说当地目前情况及水路变化。

顺治十八年（1661年）正月，郑成功召集文武官员商议，表示自从攻打江南失败后，清朝仗着郑军势单力穷，会合南北舟师来攻，所幸有赖诸位之力才能打败对方。但是敌人始终不忘攻取己军，所以自己每夜徘徊筹划，知道附近之地已经无法立足，只有台湾离此不远，田园万顷，沃野千里，饷税数十万，便于造船制器，且汉人聚集，是居住的佳地。当地虽为荷兰人所占据，但荷兰人不到千人，攻之唾手可得。① 如果可以收复台湾作为根据地，就能够联合金门、厦门来稳定诸岛，进则可战而恢复中兴，退亦可守而无内顾之忧。② 对此，吴豪认为台湾港浅，大船难进，且荷兰人火炮厉害，纵使有奇谋怕也不起作用。黄廷表示虽然听说台湾地方广阔，但没到过，不知实际情况如何。诚如吴豪所说，荷兰炮火素有威名，况且船只只能从炮台前经过，到时候怕是必须强攻了。马信则认为郑成功的顾虑在于众岛难以久拒清朝，所以想先稳固根本，再谋求发展。荷兰人虽然桀黠，布置周密，但一定有方法可破，现在可以趁着将士闲暇之时，率领一支军队前往探查，如果可以进取，就合力而攻，如果不行，再作商量，为时未晚。虽然众人意见不一，郑成功还是决定亲征台湾。为了确保攻台计划能顺利进行，郑成功还屡令户官征粮筹饷，以保证渡海部队的粮饷供应，并且修造船舰以备作战需要。同时，郑成功还实施"用而示之不用"的谋略，来削弱荷兰人对他准备进攻台湾的疑虑，延缓他们修建防御工事。大致而言，郑成功在

---

① 杨英：《从征实录》。
② 江日昇：《台湾外记》卷五。

攻台前做了三项准备：其一，布置内应，掌握敌情；其二，制造假象，误导敌人；其三，集中兵力，加强军备。①

第二阶段，从郑成功率舟师自金门料罗放洋起，至登陆台湾禾寮港止，为渡海登陆时期。三月二十三日，郑军船队自料罗湾出发，二十四日抵达澎湖，收入娘妈宫，于各岛驻扎，候风开船。② 二十七日，大军开驾，但在柑橘屿遭遇逆风，只好又返回原地。

三十日，郑成功巡视澎湖诸岛后对众将表示如果能获取台湾，那么澎湖就是台湾的门户保障。于是，他拨调陈广、杨祖等带兵三千，留船十二只驻守澎湖。

四月初二日早晨，郑成功的坐船竖起帅旗，自澎湖开船。随后郑成功传令引港船先向东行驶，载有两万五千名士兵的数百艘巨舰依序鱼贯而前，驶向台南鹿耳门。当船队抵达鹿耳门外沙线时，因为风浪过大且水道窄浅纡折、沙石多而不得入港。郑成功向天焚香祈祷，不久海水涨了丈余。郑成功大喜，放炮鸣鼓，令各船好好跟进，并命令何斌坐在船头按图转舵，全军顺利在赤嵌附近禾寮港登陆。③

第三阶段，自郑军登陆起，至赤嵌城守将猫难实叮投降止，为进攻时期。郑成功的攻台策略，可以分为两个部分：其一，由鹿耳门入台湾，攻荷兰人之不意，直捣赤嵌腹地，因为该城守备相对薄弱，且是台湾生产中心，有长期作战所需的饷糈；其二，热兰遮城是荷兰人防守最强的地方，围而不攻，三路封锁，不战而屈荷之兵。

---

① 刘振鲁：《由复台的艰危论郑延平的果决坚毅》，载《台湾文献》1983年第34卷第1期。

② 江日昇：《台湾外记》卷五。

③ 江日昇：《台湾外记》卷五。实际上，郑成功早就知道会有涨潮，此举主要是乘机假借天助之名来安抚将士，巩固他们的信心。

郑军登陆时，当地汉人闻风纷纷前来迎接，并以手推车及各种工具协助运送武器。郑军登岸扎营后，郑成功命令陈泽督率虎卫将士乘坐铳船驻扎鹿耳门，牵制荷兰甲板船，防守北线尾。① 何斌建请马上围夺仓廒，然后列阵进兵，以免对方将仓廒焚毁。② 于是，郑成功调集一万两千名军队包围赤嵌城。

防守赤嵌城的荷兰长官猫难实叮眼见郑成功的大队登岸，军威赫耀，便命令将必需品运入城中，且令赤嵌城的中国人留在屋内不准外出。同时，他还一面派人到鲲身请援，一面发炮猛击郑军营垒，并派兵二十人出城准备烧毁华人房舍。③ 郑成功唯恐焚及赤嵌街居民草厝及粮粟，命令杨英手持令箭，委同杨朝栋督率张志统兵看守堵御，不许官兵混搬，亦防止荷兰人焚毁，等到第二天再将粮食派发给官兵。各街米粟因而得以完整保留。隔日，杨英将街中足够半月所需的米粟全都分发给各镇。④

在此期间，郑成功曾经派遣官员前去热兰遮城劝降，保证在谈判期间暂时休战。荷兰人有鉴于郑军已经切断海陆交通，包围赤嵌城要塞，阻止了它同热兰遮城的联系，遂差派两位使者前往郑成功军营谈判。荷兰使者指责郑成功事先没有任何警告或宣战，也没有提出任何合理的抗议，就向他们进攻且索取所有城堡和全部土地。郑成功则表示台湾一向是属于中国的，只是允许荷兰人暂时借居，现在中国人要收回，荷兰人自应把它归还原主，这是理所当然的事。他还警告荷兰人如果一意孤行，自己就会攻取荷方城堡，将之夷为平地。两位使者根据荷兰长官揆一（Frederick Coyet）的指示，终止了谈判，郑方则允许他们返回热兰遮城前去

---

① 民国《台湾通纪》卷一。
② 沈云：《台湾郑氏始末》卷四。
③ 江日昇：《台湾外记》卷五。
④ 杨英：《从征实录》。

见驻守在赤嵌城的猫难实叮。①

四月三日,趁着郑军在北线尾的部队尚未集结完备,揆一差遣战将拔鬼仔(Thomas Pedel)率领两百四十名鸟铳兵前往攻击,但被宣毅前镇官兵歼灭,拔鬼仔战死阵中。②之后,郑成功命令士兵每人捆草一束围住赤嵌城,并派遣人向猫难实叮表示,如果不降,就要放火烧城。③由于城孤救乏,四月六日猫难实叮便率领三百余名荷兰人出降。当时,荷兰尚有甲板船停泊在港口,郑成功下令陈泽、陈广等攻打,击沉、焚烧、走回各一艘。④其后,揆一派遣通事前来说和,答应如果郑军能撤离,会年输税银若干万,年年照例纳贡,同时赠送劳师银十万两。对此,郑成功推辞,命令通事返回。⑤

第四阶段,自赤嵌城收复至荷兰人接受投降条件止,为围城时期。

揆一见郑军抵达赤嵌,登岸列阵,军威盛壮,担心他们逼城,便派人从鲲身过援赤嵌。但才到三鲲身就因兵少难以援救而返回。于是,揆一挑选排枪手,准备隔日到赤嵌与郑军决一死战。郑成功听闻安平的荷兰人击鼓吹笛,即将出兵,便传令:黄昭带领五百名铳手、二百门连环炮分作三队前往鲲身尾,列阵以待,候敌对攻;杨祥带领五百名藤牌手,从鬼仔埔后方绕到鲲身左方横冲截杀;萧拱宸整备二十只铳仔船,等到对方将过七鲲身要和我方交锋时,立即摇旗呐喊,假装要去攻城,对方士兵看到,一定会慌乱,不敢恋战,这样就能破敌了。调拨完毕后,郑成功又命令诸镇列阵静伏守候。

① 季云飞:《郑成功收复台湾谋略运用演变之探析》。
② 杨英:《从征实录》。
③ 江日昇:《台湾外记》卷五。
④ 阮旻锡:《海上见闻录定本》卷二。
⑤ 杨英:《从征实录》。

荷兰军队行进至七鲲身尾，当要对垒时，忽然看到在赤嵌的郑军快哨有所行动，准备进攻热兰遮城，而杨祥率领的藤牌手又赶到，横冲拦截，顿时慌乱无定，立阵不住而败。最终，荷兰军队死者过半，只好退守热兰遮城。①

此后，郑成功采取不战而屈人之兵的战略，在对热兰遮城实施长期围困，形成军事威胁的前提下，展开政治劝降攻势，逼迫荷兰人投降。②

四月二十六日，郑成功委托汉布鲁克牧师带信给揆一，劝其献城投降。郑成功指出，荷兰人仅有数百兵力，无法与强大的郑军作战。他向荷方提出议和条件：第一，在郑军开炮攻城前，荷方如果能将堡垒献出，自己将以对待赤嵌城司令猫难实叮的方式对待他们，保全他们的生命，而他们如果有什么要求，自己也会答应。第二，即使在郑军开炮攻城之后，如果揆一和大小将士挂起白旗前来求和，自己将立即下令停止炮击。如果荷方将领携带眷属前来，真心求和，自己将立刻下令将大炮搬回船上。第三，和约缔结后，荷方士兵必须立即撤离城堡，由郑方将士入城维持治安。自己将通令将士不许侵犯荷兰人的财物，并允许荷兰人留下少数男女仆役在家照料。凡是在赤嵌或大员有家愿意居住者，准许携带各自财物离城。次日，揆一复信，拒绝了郑成功的劝降。③

五月二日，黄安、刘俊等六镇统领二十只船到台湾。④ 郑成功召集文武各官会审，以吴豪抢夺民财兼藏匿米粟斩之，⑤ 以右武卫右协魏国管理宣毅后镇事，而右虎卫陈蟒亦同罪，革职捆责，

---

① 江日昇：《台湾外记》卷五。
② 季云飞：《郑成功收复台湾谋略运用演变之探析》。
③ 季云飞：《郑成功收复台湾谋略运用演变之探析》。
④ 江日昇：《台湾外记》卷五。
⑤ 吴豪的被杀，与他反对进取台湾为郑成功所恨有关。参见杨英《从征实录》。

并擢升左冲镇黄安为虎卫右镇，提督骁骑亲随营蔡文管理左冲镇事。① 郑成功以台湾全岛为东都明京，② 以候巡狩，改赤嵌为承天府，任杨朝栋为府尹，又设立两县隶属之：一曰天兴县，任祝敬知县事；一曰万年县，以庄文烈任县令。③ 东都明京和承天府的设立，表明了郑成功要以台湾为基地坚持抗清复明的决心，这是他东征台湾正当性的需要，也是他坚持抗清复明立场的表现。④

五月十八日，郑成功颁发令谕，声明自己手辟草昧，将文武各官及各镇大小将领官兵家眷尽数搬到台湾的目的，就是为了创建田宅等以为后世子孙着想。为了一劳永逸，一切事务都要靠自己，不准其他人混侵土民及百姓现耕物业。为此，他亲身做了示范，于六月左右，将妻妾等接到台湾。

七月，因为户官运粮船尚未到来，官兵乏粮，郑成功只好下令民间输纳杂子地瓜作为兵粮。这种情形一直持续到八月，官兵甚至捡食木子充饥。

八月，揆一倾巢而出，由水路进攻赤嵌，陆路进攻鲲身夺炮。⑤ 郑成功责令黄安统领众人防御陆路，自己督率陈泽等左右戎旗配合船队迎击。在经过一日的激战后，马信、刘国轩率领弓箭手反击，黄昭则捕获一艘夹板船、三艘小艇，荷兰大败，退守其城，不敢再出。⑥

十一月，郑成功命令宣毅前镇陈泽会同右虎卫左协陈冲驾驶数十只装有硝磺等引火之物的小船，利用北风烧毁荷兰人的甲板

---

① 杨英：《从征实录》。
② 东都明京的范围为台湾全岛，并不是只有赤嵌地方。参见郑喜夫《东都明京、东宁省与承天府杂考》，见《台湾史管窥初辑》，台北：浩瀚出版社1975年版，第48—50页。
③ 阮旻锡：《海上见闻录定本》卷二。
④ 邓孔昭：《明郑台湾建置考》，载《台湾研究集刊》2004年第3期。
⑤ 同治《福建通志台湾府·杂录》。
⑥ 江日昇：《台湾外记》卷五。

船，又令黄安督众于鲲身夹攻，揆一虽然分众抵御，但又尝败绩，死伤甚多。郑成功趁此大胜之际，同时为减少己方伤亡，便派遣通事入城向荷兰人劝降，并声明台湾是先人故地，现在前来恢复故土，况且此地离荷兰遥远，对方很难长期占有。基于己方的柔远之念，所有珍宝可以任其自由带走，但仓库不许擅用，土地必须归还。如果不从，己方将用油薪磺柴积垒齐攻。①

十二月初，荷兰人见大势已去，终于决定投降。十三日，揆一开城投降，并在当天签订降约。②

收复台湾后，郑成功于康熙元年（1662年）正月开始施行屯田法，寓兵于农。按镇分地，按地开荒，在开垦三年后，以上中

---

① 江日昇：《台湾外记》卷五。
② 荷兰投降条款共计十八条，重点约略如下：第一条，双方和议告成，捐弃前嫌，消除憎恶敌对之心；第二条，热兰遮城及附郭、炮台碉堡各军事设施、军需品、商品、宝物及国有财产，一律交明军统帅郑成功；第三条，荷兰人得提足供至巴达维亚的必要粮食及生活必需用品上船离去；第四条，荷人私人动产，经郑方检查后，仍得携带上船；第五条，在台高官私有动产准带回，参议员二十八位，每人得带现款二千盾，其余特殊人员二十位，每人得带现款一千盾；第六条，荷军士兵私有物经检查后准带回，并穿武装登船，升旗奏乐离去；第七条，荷方可带走属政府的一切资料及账簿；第八条，公司须将原华人欠缴田赋名簿、公司负责文件一一呈报明军统帅备查；第九条，郑方得于八日至十日内将荷兰俘虏放回，未被拘禁者，皆准许安然乘公司船只载归巴达维亚，居住于被占领区内公司所属人员准许安全乘荷船，但华人俘虏应并交换；第十条，郑方允发还荷方小船及所有一切附属品；第十一条，郑方将准备小船及驳船，俾使荷方人货得迅速运至主船，使能早日完成装运工作；第十二条，荷兰军民留台间所需蔬菜、牛羊肉类或食用品类，郑方臣民应以相当代价每日充分供应；第十三条，荷人候船滞留间，郑方士兵、人民非为荷方服务，不得任意进入城塞或外堡，接近郑方所建栅栏；第十四条，荷兰公司人员未全部撤退城中时，悬挂白旗俾资保护；第十五条，和约经双方签名立誓后，郑方派两位官员至泊港口荷船中为质，荷方亦派遣官等仅次太守官两人往郑方互相为质，一直到本条约所定各项完全履行为止；第十六条，看守仓库荷方人员得其官民财物上船后，留驻两三日于城中，等到登船会齐后与人质代表同去；第十七条，荷兰政厅图书、案卷，准携巴达维亚；第十八条，本条约若有疑义，或重要事项遗漏，则由双方临时协议，务期圆满解决。参见邱奕松《台江风云——郑成功驱夷真相初探》，载《台南文化》2004年第54卷第3期。

下三则征收赋税，有警时荷戈以战，无事则负耒而耕。①

当时清廷执行迁界的政策，使得沿海数万里的田庐丘墟，坟墓无主，百姓失业流离，孤儿寡妇望哭天末。于是，郑成功招徕漳泉惠潮等地流民来台辟荒，以相助耕种，养精蓄锐。② 郑成功还制法律，辟刑狱，定职官，修武备，兴学校，计丁庸，养老幼，恤介特，险走集，物土方，起池馆，延纳名流，台湾之人，是以大集。③

然而，在收复台湾的过程中，郑氏集团内部矛盾始终不断。在收复台湾的决策上，郑成功的许多部将就极力反对。顺治十八年（1661年）七八月收复台湾时郑军缺粮，最主要的原因就是金厦的将领抗拒郑成功搬眷的命令，郑成功之兄、户官郑泰不发运粮船至台湾。康熙元年（1662年）正月，郑成功再次文檄洪旭、黄廷、郑泰等，令其陆续载运眷口来台，众人"皆不欲行，于是不发一船至台湾，而差船来调监纪洪初辟等十人分管番社，皆留住不往"。④ 相较尚未开辟的台湾，金厦两岛有着海上贸易的巨利，而且台地初辟，郑军水土不服，病亡众多，这些是大多数郑军将领不愿意前来台湾的原因。

另外，留守厦门的郑成功长子郑经，同他四弟的乳母私通，生下一子。四月丑闻被揭发后，郑成功大怒，派人传令留守金厦的郑泰和洪旭监斩郑经，可是郑泰等拥郑经抗拒命令。

郑成功自起兵以来，南征北战，驱荷复台，积劳成疾。加之

---

① 徐鼒：《小腆纪年》卷二十。
② 徐鼒：《小腆纪年》卷二十。
③ 郑亦邹等：《郑成功传》。
④ 杨英：《从征实录》。

父死君亡，^①将拒命，子不肖，这一系列不幸事件，使郑成功忧愤交加。五月初，郑成功感染风寒，仍"强起登将台，持千里镜，望澎湖有舟来否"。五月八日，郑成功含恨而终。

驱逐荷兰人、收复台湾可说是郑成功最大的功绩，具有深刻的历史意义。

就国防军事而言，台湾是中国海防的战略据点，地理形势之优无与伦比，因此极易引起外国的觊觎。郑成功驱荷复台后，开拓土地，设官置守，杜绝了荷兰、西班牙和日本等再对台湾有所觊觎，实为中国海防上的一大贡献。

就社会经济观之，台湾在荷兰侵占时期，民众在协垦关系下为所谓的王田工作，沉重的田赋、佃租压得他们透不过气来。郑成功采用屯田的办法，将人和土地的关系改变了，田有官私，土地私有的出现提高了农民的劳动兴趣，台湾生产力逐渐发展起来。

最后，就文化意义言，郑成功不但延续了明朝的正朔，也把中国大陆的制度文化引进到台湾，成为引导台湾社会发展的一种精神力量。具体而言，这种精神力量包含移民精神、革命精神、创业精神和爱国精神。^②

---

① 康熙元年（1662年）正月，郑成功得知父亲郑芝龙及家人于去年十月在北京被清廷杀害。四月，永历帝在云南被吴三桂绞杀。报至，郑成功顿足嗟叹，不胜悲痛。

② 陈三井：《赤手擎天，柱撑半壁河山——浅谈台湾对郑成功的传说和评价》，载《文史知识》1990年第5期。

第三章
东宁王朝与明郑政权的败亡

第一节　东宁王朝与清朝的战和

康熙元年（1662年）五月，郑经在接到郑成功去世的讣音后，马上想要设置灵位披麻戴孝，不过洪旭却跟他说，国不可一日无君，应当先嗣位然后再发丧。郑经听从洪旭的建议，在厦门嗣位，称为"世藩"，然后又布告台湾以及其余各岛后才发丧举哀。其后，郑经看到黄安秘陈"黄昭、萧拱宸二人假借郑成功遗言，命郑袭为东都主，分兵拒险"的书信，大为惊讶，在与洪旭讨论后，以周全斌为五军都督，陈永华为咨议参军，冯锡范为侍卫，准备整军东渡。

七月，福建总督李率泰在知道郑成功去世后，邀请靖南王耿继茂等人尽速到漳州共商剿抚事宜。① 之后，二人遣使前往厦门招抚，称如果能够释疑，遵制削发登岸，自当厚爵加封。郑经由是暂缓前往台湾，在与郑泰、洪旭商讨后，决定向清廷提出依朝鲜例不削发、称臣纳贡的要求。

八月，耿继茂、李率泰差人再到厦门，表明希望郑经将所陷州县等的印信送还，并派人到漳州商议，再将和议书送往京师请旨。对此，郑经又与郑泰、黄廷、洪旭等人密商，认为台湾初辟，先王突然去世，现在又有萧拱宸、黄昭两人在内部挑起争端，清廷官员一听到消息，屡屡遣员招抚。如果受抚有负先王平生志愿，不从则近期内会受到清廷攻击，内外受困，情势危急。他决定暂时假装受抚，等到自己整饬军队平定台湾乱事后，再作处理。之后，郑经差人将之前所得到的十五颗州县学印送至漳州。

十月，郑经和周全斌等人率领军队东渡。初七日，郑军到达澎湖。次日准备继续前往台湾时，陈永华建议郑经凡事都要先礼后兵，才能师出有名。先王刚去世时，群龙无首，众将请郑袭护理控制也不算错，现在需要先通知他们退避迎接，再看他们如何回应方能进兵。如果不通知就突然进兵，行动慌张，不是君主该有的行为。周全斌赞同永华的看法，他认为没有通知的话，会让他们产生怀疑，也不是让众心臣服之法，更何况郑袭是诸将建请作为护理的，不是他自作主张。在二人提醒下，郑经派遣礼官郑斌赍谕台湾，告称世子不日将亲统六师抵台奔丧，令各镇分屯守土者在驻守之处设置灵位。接到布告的在台诸将大都没有明确表

---

① 当时清廷一面迁界，一面派遣满汉兵部、户部郎中各一员到福建安插海上投诚官员：武职率众降者依照原衔议叙，单身降者降四级，文官则降二级补授。另外还有武改文之例，如都督改副史，副将改佥事，参将游击改同知。此一政策虽然收到很大成效，但也成为投机者获取功名的捷径，以至于有目不识丁者谬膺监司、力无缚鸡者滥授总兵的现象。参见夏琳《海纪辑要》卷一，见"台湾文献丛刊"第22种，台北：台湾银行1958年版。

示抗命的，而黄昭、萧拱宸则称由于郑经乱伦，且不悔过自新，反而统兵自固，让郑成功饮恨而死。郑成功知此子性恶，难以成为君主，才会遗命将王位传给弟弟，并非是诸将敢有二心。黄、萧二人并将假造的郑成功遗书交给郑斌带回澎湖复命。周全斌认为此时形势已成，可以出兵了。郑经即刻命令诸镇整军下船，到西屿头等候季风，于十六日将船开向台湾。

十月十七日，周全斌率军从赤嵌附近登陆，阵斩黄昭，一战而胜，迅速平定局势。郑经让在台诸将拨守汛地如故，以安众人之心。

在一切稳定后，康熙二年（1663年）正月，郑经命令统领颜望忠驻守安平镇，勇卫黄安提调承天府暨南北二路兵马地方军务，自己则率领周全斌、陈永华、冯锡范等带着主力部队乘船返回厦门。为进一步巩固权势，郑经回厦后，利用郑泰曾嘱咐黄昭支持郑袭抗拒郑经之事，将其处死。

郑成功的去世，加上连续发生郑袭、郑泰事件，让许多郑氏部将心生疑虑。清廷又派遣专人在福建负责招抚。在彷徨与利诱双重因素下，郑将人心浮动，先后有郑泰之弟郑鸣骏、忠靖伯陈辉、左武卫杨富、左虎卫何义、左镇陈平、右镇许雄、前镇黄镐、后镇林宗珍、参军蔡鸣雷等四百余名大小文武官员向清廷投诚，郑军势力大挫。[①]

被驱赶出台湾的荷兰长官揆一本想在海外再寻觅一处可以安身的岛屿，无奈数年间总是事与愿违。在听闻郑成功死后，听从通事建议，在康熙二年（1663年）九月到福州拜见耿继茂和李率泰，表明愿意作为前锋领军攻打诸岛及台湾的意愿。揆一的提议

---

① 江日昇：《台湾外记》卷六。根据清户部郎中贲岱题本，当时明郑有二千一百五十余员文武官员，四十一万二千五百名士兵，三百余万人口及五千余号船只。参见《郑氏关系文书·钦命管理福建安辑投诚事务户部郎中贲岱等题本》，见"台湾文献丛刊"第69种，台北：台湾银行1960年版。

获得许可，清荷签订协约。其后，清廷诏檄荷兰同剿厦门、金门两岛，耿、李二人检选投诚郑军郑鸣骏、陈辉、杨富等人及荷军出泉州，提督马得功出同安，黄梧及施琅出漳州石码、海澄，分道进攻。

十九日，郑军于金门乌沙港遇到由马得功率领的清荷联军。提督黄廷败阵。清将郑鸣骏、陈辉、陈一明等击沉三艘船，夺获两艘大船，斩首三百，生擒四十余人；杨富击毁郑军总兵谢福船，杀死二百人，生擒十八人；闽安水师游击郑洪、中军守备孔应贤夺获一艘鸟船、两艘赶缯船、两艘水底船，杀死八十余人。

隔日早晨，郑经率领周全斌、黄廷等亲督巨舰再度攻击。起初马得功率领夹板船出战，以大炮打碎数艘郑船。郑经考虑到荷兰船多炮，己军寡不敌众，便乘潮退回厦门。周全斌判断荷兰船大，一定在深港，便督率船队由港边进入。忽然间，杨富众船抵达，周全斌首先直冲入杨富船队内，双方交战，杨富人马死伤殆尽。眼见杨富大败，马得功将船只转向来援。周全斌误将马得功之船认为是郑鸣骏的驾船，发誓要将他擒拿，遂挥船前后合攻。马得功四面受敌，投海自杀。

郑军虽然击败了马得功一路，但由于高崎守将陈升密款于清漳州军，二十一日，两路清军乘夜渡海登岸，直抵厦门。

听闻陈升降清，厦门已失的消息，郑经退守铜山，周全斌撤至浯屿，金门亦为清军所破。①

原本黄梧建议李率泰乘胜以荷兰船为前导，引领大军攻下铜山，擒拿郑经，但李率泰认为虽然已经攻下金厦，但此役已方损失提督一员，对方损伤较轻，况且穷寇莫追，否则对方会逃到台湾，就更难对付了，应该趁着对方人心未定时，派人到铜山宣布

---

① 据民国《台湾通纪》卷二记载，此次战事，清军实际上是大败，大将马得功投水死，郑经自弃金厦两岛而走，清军却以此为功，掩败为胜。

朝廷德意，多多招抚以解散敌众。如果对方无计可施接受招降，就可以免去士卒劳苦，不然的话，再进军未迟，如此才是上策。他将所有的船只停靠在厦门，命令黄梧与施琅遣使到铜山宣布清廷招抚之意。

在清廷的招抚政策下，康熙三年（1664年）正月，援剿右镇林顺自镇海、护卫左镇杜辉以南澳投诚。眼见局势极为不利，洪旭认为金厦才刚丢失，人心无法齐一，铜山必定难以保住，况且清廷不断派人前来，实际上不是为了招抚，而是要离散人心。现在各镇纷纷叛离，郑经应该尽速回到台湾，不然的话，可能会有军变的危险，到时后悔就来不及了。

郑经命令周全斌、黄廷二人断后，自己偕同洪旭、杨祥等将于三月初六夜晚开船，隔日中午到达澎湖。洪旭认为澎湖是台湾门户，应当派遣重镇防守。于是，郑经在娘妈宫设立营垒，左右峙中添置烟墩、炮台，命令薛进思、戴捷、林升等人防守，每四个月更换一次。布置完毕，初十日，郑经率领主力部队前往台湾。他在抵达台湾后，分配诸镇开垦荒地，寓兵于农，又在承天府搭建房屋安插明宗室及乡绅，改东都为东宁，升天兴、万年二县为州，置凤山、诸罗二县，以陈永华综理国政。[①]

郑经将东都改为东宁可以说是抗清形势发展的必然结果，因为随着永历帝被杀，南明最后一个小朝廷已经不复存在，东都也就失去存在的象征性意义。如果郑经仍然将台湾称为东都，那么它所表达的就已经不再是郑成功设立东都时所具有的欢迎永历帝移跸台湾，以及要把台湾建设成为抗清复明基地的政治意涵，人们就会质疑郑经的僭越，因为没有永历帝可以遥奉这一先决条件，东都的存在就失去了正当性。虽然郑经宣称继承郑成功的遗志，仍然坚持奉明朝为正朔，坚持不降清的立场，但他缺乏像郑

---

① 江日昇：《台湾外记》卷六。

成功那样的雄才大略及雄心壮志,经历了一连串内乱和被清军赶出大陆沿海之后,郑经最希望得到的就是安宁,因此将东都改为东宁是最自然不过的事情。①

然而,这时留守在大陆沿海的郑将却起了变化。由于铜山的粮食将尽,与黄廷素有嫌隙的周全斌担心到台湾后会被陷害,在李率泰允诺册封自己为伯后,统领众人从漳浦镇海卫投降,被授予承恩伯。另一方面,黄廷在铜山接到黄梧劝降密信后,亦向清廷投降,被授予慕恩伯。② 其余郑将周宽、杨泮、周珍等也相继出降,南山、镇海、佛潭桥诸岛皆陷。③ 黄梧与施琅先后由八尺门出兵后,铜山守将翁求多也率领兵民六万多人纳款。至此,福建沿海诸岛悉归清有。④

李率泰在得知郑经已经撤退到台湾后,为了遂行议和方针,一面迁徙沿海居民,筑墙置隧,五里一烽堠,二十里一营将以守之,禁止人民出界,一面再派使向郑经招降。

七月十八日,清廷授予熟悉海上军务的施琅靖海将军衔,以承恩伯周全斌、太子少师左都督杨富为副将,左都督林顺、何义等人为佐,统领水师进击台湾,并与荷兰约期攻打澎湖。⑤

康熙四年(1665年)四月,施琅率军自铜山出发。到澎湖港时,忽然烟雾四起,狂风大作,施琅的船队被飘散到各地。施琅只好回到厦门,具文申报,准备等船只修葺完毕后再次进军。

康熙六年(1667年)正月,在京候补总兵孔元章上疏陈言自

---

① 邓孔昭:《明郑台湾建置考》。
② 江日昇:《台湾外记》卷六。
③ 倪在田:《续明纪事本末》卷七《闽海遗兵》。
④ 《清圣祖实录选辑·康熙二年》,见"台湾文献丛刊"第165种,台北:台湾银行1963年版。
⑤ 《清史列传选·郑芝龙》,见"台湾文献丛刊"第274种,台北:台湾银行1968年版。

愿前往台湾招抚立功，清廷准其到福建与耿李二人商议。① 五月，孔元章到福建后，前往台湾宣传清廷招抚之意：沿海地方通商，称臣奉贡，遣子入京为质。② 郑经依旧重申如能依照朝鲜事例不剃发就没问题。③ 对于郑经的态度，水师提督施琅感到愤怒，便上了一道奏疏：

> 窃照郑贼负嵎海上，久阻声教，致干剿讨。遁窜台湾绝岛，恃险负固，虽戢翼敛迹，未敢突犯，而蜂虿有毒，沿边将为不宁。堂堂天朝，万国宾服，岂容此余灰日以滋蔓？……今使命两次到彼，并无的当伪员同来输诚，惟听口传，岂可凭信？倘复顽梗如故，似难中止。……当密敕藩督抚提诸臣，会商妥确，催督修造战船，备足粮饷，选调官兵，付臣整练完备，相机进取。居者行者各尽其力，则动出万全。前次东征，两阻风涛之险，逆贼虽未扑灭，人谋亦未允臧。投诚官兵，眷口多在彼处，新附人心，参差未一。鸠乌合之众，以事复海之表，其未至误公者，诚赖国家之福！……今臣思选拔将士，修葺船只，操练习熟，纪律严明，成算在胸，故敢虑胜而动。……数年以来，沿边江、浙、闽、粤，多设水陆官兵，布置钱粮，动费倍增，皆为残孽未靖之故。如台湾一平，防兵亦可裁减，地方益广，岁赋可增，民生得宁，边疆永安；诚一时之劳，万世之逸也。④

---

① 江日昇：《台湾外记》卷六。

② 夏琳：《海纪辑要》卷二。

③ 对郑成功、郑经父子而言，"效朝鲜例，不剃发，称臣纳贡而已"一事代表着不同的意义：郑成功的一贯作风，是在议和中仍向清军持续施加压力，以不剃发为前提的谈判，是为了将计就计，权措粮饷以裕兵食，郑经则将之视为自保的护身符。参见叶高树《三藩之乱期间郑经在东南沿海的军事活动》，载《台湾师大历史学报》1999年第27期。

④ 施琅：《靖海纪事》卷上《边患宜靖疏》，见"台湾文献丛刊"第13种，台北：台湾银行1958年版。

虽然清廷的招抚政策因为没有明确成效而中止，但施琅汲汲于发动战争立刻消灭明郑的态度，也因为与统治者的意向有所违背而被否决。施琅上奏后，清廷表示渡海进攻台湾事关重大，中央距离事发地点遥远，不明情况，无法决定。康熙七年（1668年）正月，清廷下令施琅尽速到京师当面奏明再做定夺，同时还召见郑鸣骏、郑缵绪、周全斌、何义等人，将陈辉、黄廷、杨富、陈蟒、杨来嘉等人分派到各省屯田。

施琅在进京前又密奏一疏进一步陈述自己的意见：

> 天下一统，胡为一郑经残孽盘踞绝岛，而折五省边海地方画为界外以避其患？……况东南膏腴田园及所产鱼盐，最为财赋之薮，可资中国之用；不可与西北长城塞外风土为比。倘不讨平台湾，匪特赋税缺减，民困日蹙；即防边若永为定例，钱粮动费加倍，输外省有限之饷，年年协济兵食，何所底止？又使边防持久，万一有惧罪弁兵及冒死穷民以为逃窜之窟，遗害匪浅，似非长久之计。……郑经承父余业，智勇无备，战争匪长。其各伪镇，亦皆碌碌之流，又且不相浃协。……郑经得驭数万之众，非有德威制服，实赖汪洋大海为之锢禁。如专意差官往招，则操纵之权在乎郑经一人，恐无率众归诚之日。若用大师压境，则去就之机在乎贼众；郑经安能自主？是为因剿寓抚之法。①

施琅的自陈没有得到清廷的赏识，廷臣认为风涛险恶，没有制胜的把握，况且期间郑军只有偶尔小规模攻击清军，不成大患，郑将如乌角车、朱英不是被擒就是投降，② 因而否决了施琅的提议。不仅如此，四月时，清廷还发文到福建，催促施琅赶快进京。清廷的用意并不在进一步听取施琅攻讨台湾的意见，反而

---

① 江日昇：《台湾外记》卷六。
② 倪在田：《续明纪事本末》卷七《闽海遗兵》。

是要将主战的他调离，以遂行息兵罢战的决策。因此在施琅进京后，清廷马上授予他内大臣的职位，并裁撤水师提督，将所有战船全部焚毁，只设了一位镇守海澄的总兵，同时还将投诚官兵逐渐分配到外省开垦，不再留意台湾之事。①

这些措施，主要是由于清廷对施琅所统率的经常发生叛归明郑现象的福建水师失去信心，因为这批水师大多为原郑军降将，顺逆无常，控制不易。与其让明郑内外勾结更增势力，不如防患于未然，将船舰全部焚弃，将领内调北京归旗看管，部众分省屯田，裁掉这支满人所不熟悉的海上力量。② 与此同时，退回台湾的郑经亦分派诸将开垦荒地，征租赋，税丁庸，立学校，兴渔盐，申法禁，通商舶，安士民，征歌选舞，兵甲不动，用以显示自己无意出兵进攻内地。郑清相安无事，沿海居民渐次恢复生业。③

康熙七年（1668年）六月，清廷命令刑部尚书明珠等到福建，与靖南王耿继茂、福建总督祖泽沛齐聚泉州府商议招抚之事，最后决定派遣兴化知府慕天颜和都督佥事季佺带着诏书到台湾谕令郑经投降。

郑经虽然厚待二使，但只看了明珠书函而不肯接诏。明珠信上言："阁下桑梓之地，无论圣天子痌瘝至意，所当仰体不惶；即闽之黄童白叟，大都阁下之父老子弟，而忍令其长相离散耶？……诚能翻然归命，使海隅变为乐土，流离复其故乡，阁下亦自海外而归中原，不亦千古之大快，而事机不可再得者乎？"

初七日，郑经召集文武官员与清使会商。他表示自己并非没有战力，只是顾念生灵荼苦，因而远避海外，自从东渡台湾后就

---

① 江日昇：《台湾外记》卷六。
② 陈碧笙：《台湾人民历史》，台北：人间出版社1993年版，第112页。
③ 倪在田：《续明纪事本末》卷七《闽海遗兵》。

已经息兵，清廷又何必追根究底。如果能够比照朝鲜之例不削发，称臣纳贡，就没什么问题了。在郑经坚持不对削发一事退让下，双方没有达成共识。

为了打破僵局，明珠与耿继茂、祖泽沛商议后，答应以"藩封，世守台湾"为题上报清廷。清廷的意见如下：

> 朕思郑经等久居海岛，阻于声教，今因招抚使臣至彼，即差属员同来，思欲抒诚归顺，深为可嘉。若郑经等留恋台湾，不忍抛弃，亦可任从其便。至于比朝鲜不剃发、愿进贡投诚之说，不便允从。朝鲜系从来所有之外国，郑经乃中国之人，若因居住台湾，不行剃发，则归顺悃诚，以何为据？今命内弘文院学士多诺前往，尔等会同靖南王耿继茂及总督、巡抚、提督等传谕郑经来使，再差官同往彼地宣示，果遵制剃发归顺，高爵厚禄，朕不惜封赏。即台湾之地，亦从彼意，允其居住，庶几恩讫遐方，兵民乐业，干戈不用，海疆乂安，称朕奉天爱民、绥怀远人至意。如不剃发投诚，明珠等即行回京。①

虽然清廷拒绝了郑经比照朝鲜例的要求，但是当时海内无事，加上台湾险远，也就放他一马了。由于清廷的迁界政策，郑经仍然领有厦门、铜山、达濠等岛，双方在以和为贵的情况下，相安无事。不仅如此，清军常睁一眼闭一眼，让郑经人马穿越，甚至清军表面上为追赶，实际上却是护送。即使郑军的巡哨耀武扬威出巡，清军也多以回避因应。因此，虽然清廷实行封边，但台湾的货物船料等并不缺乏。②

---

① 《郑氏史料三编》卷一《敕谕明珠等郑经比例朝鲜不便允从》。
② 江日昇：《台湾外记》卷六。

第二节　三藩之乱与明郑的反攻

康熙十三年（1674年）三月，耿精忠传令福建各官入府议事，伏兵擒拿总督范承谟、巡抚刘秉政后叛清。耿精忠并派人到台湾与郑经结盟为援，请以舟师由海道攻取江南，同时答应赞助战船并且将福建沿海交由郑经屯军驻扎。① 除了耿精忠外，吴三桂也差人与郑经联络，建议郑经应该赶快整饬精锐，率领水师直取金陵，或是到天津断绝清军粮道，扼其咽喉，这是奇兵乘虚的万全之法。

于是，郑经以陈永华辅助长子郑克㙊留守台湾，自己与冯锡范、刘国轩、许耀、郑禄、陈绳武等率领部队渡海到厦门，传檄福建全省。

郑经一边训练士卒，整修舟船，同时命令黄兴、杨信到泉漳各地召集众人作为后援，并差遣兵都事李德驾船到日本铸造永历钱及铜炮、日本刀等器械作为兵用，户都事杨贤则返回台湾监督洋船到暹罗、爪哇、吕宋等地贸易以资兵食。他又谕令留守东宁总制陈永华调派当地民众到厦门听候使用。②

然而，由于耿精忠在举兵不久就占领全闽，浙江温处、江西广信、广东潮州也相继归附，声势大振的他后悔了。③ 加上担心漳泉文武官员不愿臣服而与郑经联盟以为声援，且有人又跟他说郑经所拥有的战力只有几千士兵、数百艘船只，根本无法成就大事，耿精忠于四月毁约，下令边汛禁止郑军在当地活动。

耿精忠的出尔反尔，让郑经非常生气。五月，郑经命令冯锡

---

① 夏琳：《海纪辑要》卷二。
② 江日昇：《台湾外记》卷六。
③ 夏琳：《海纪辑要》卷二。

范率军攻打同安。耿精忠征召同安城守张学尧协防泉州，水师游击华尚兰守备同安，但是在冯锡范抵达同安时，华尚兰马上开城迎降。张学尧闻报后，已经来不及率军回救，加上家人都被送到厦门，无奈之下也投降了。同时，同安人施凤（施亥）及施琅子施齐（后改姓名为王世泽）归降郑经。① 另一方面，耿精忠又征调海澄赵得胜兵，但赵得胜不仅不应调，还差人到厦门向郑经投降。

耿精忠听闻同安失陷，海澄也归附郑经，立即派遣冯国铨到厦门拜见郑经索地请和，答应出让沿海岛屿，并且不禁往来，通商贸易。郑经指责耿精忠背约在先，拒绝讲和，耿郑和议破裂。

清将王进功因不愿随耿精忠叛清，被羁押在福州。六月，耿精忠派人至泉州查抄其家产。王进功之子王藩锡诱杀泉州城守，将泉州献于郑经。

泉州的归附让郑附的眼光转移到漳州。当地权知军事的黄梧之子黄芳度眼见邻近漳州城的同安、海澄二县已为郑经所有，虽然黄、郑两家是世仇，但迫于形势，遂决定暂时先与郑经交好，再作打算。为了羁縻黄芳度，郑经亦表示愿意尽弃前嫌，允许他归降，仍然镇守漳州。不过，黄芳度始终害怕被清算，暗地里通表于清廷。②

耿精忠在向郑经求和、要求归还泉州被拒后，派人由兴化、漳浦合攻泉州。刘国轩、冯锡范分别击败耿军，占领漳浦县城。

郑军不仅遭受来自耿军的压力，在广东地区，亦与尚可喜部队有所冲突。康熙十三年（1674年）六月，清潮州总兵刘进忠归降耿精忠，清平南王尚可喜在接到潮州叛变的报告后，随即命令提督严自明整修军备，训练士卒，准备讨伐。当时因为漳泉二地

---

① 张学尧被授予左先锋镇，荡虏将军，华尚兰角宿镇，施凤亢宿镇，施齐女宿镇。

② 倪在田：《续明纪事本末》卷七《闽海遗兵》。

已经降于郑经，耿军远水救不了近火，刘进忠遂派人前往泉州纳款。

七月，清军攻打潮州。在郑军帮助下，清军虽用大炮日夜攻打，城墙崩坏百余丈，但刘进忠极力守御，随坏随筑，清军终不能下。

十一月，郑经以赵得胜为总督，督率大军援潮。月底，清军败返，潮州围解。郑经将赵得胜及主力部队调回，改由刘国轩辅助刘进忠守城。[①]

有鉴于局势大有可为，郑经进一步改革制度，以强化对领地的控制。原先在台湾，文官只有御史总制，郑经以陈永华担任，吏官洪磊、户官杨荣、礼官郑斌、刑官柯平、工官杨贤等五官辅助，并置六科都事、都吏、察言、承宣、宾客诸司。在军队进入福建后，郑经以郑省英为宣慰使，监督各府租赋，下令十六岁以上、六十岁以下，每人每月缴交五分的毛丁银，海船根据丈尺缴交梁头税。郑经又以吴慎为屯田使，清查屯田等租税、炉税、渡税、酒税、猪牙等项；盐司分管盐场，陈廷守榷泉州盐，冯锡圭榷漳州盐，郑珍英榷潮州盐，每石值二钱的盐征饷四钱；六官征收富民缙绅财产；饷司征收杂税。同时，复以诸州令司抚字，诸将分守各县。

在军制方面，郑经亲军曰"侍卫"，由冯锡范掌管；曰"勇卫"，由留守的陈永华掌管；曰"左右武卫"，由刘国轩、薛进思掌管；曰"左右虎卫"，由何佑、许耀掌管；曰"五卫"，由施福统领；曰"銮仪卫"，由艾征祥掌管。此外，还另外设立果毅、折冲、五卫、五行、五兵、左先锋、右先锋、前锋、后劲、中权、戎旗诸镇，以及角、亢、氐、房、心、尾、箕、斗、牛、女、虚、危、室、壁、奎、娄、胃、昂、毕、觜、参、井、鬼、柳、星、张、翼、轸凡二十八营，由五提督节制。

[①] 江日昇：《台湾外记》卷六。

郑经将台湾政事，全都交由陈永华主导，军中的文武事，则以参谋陈绳武和冯锡范负责，并把台湾米粮转运到福建以供民食，大规模招募水陆军。不仅如此，郑经还让英吉利、荷兰、万丹、暹罗、吕宋、安南等地商人到厦门进行贸易，以是，厦门几乎得以恢复昔日的繁荣。①

康熙十四年（1675年）正月，耿精忠眼见郑经领有漳泉潮三府，兵马强盛，而自己屡战屡败，急于求好，便差人到泉州向郑经贺年，赠送五艘大战船以履行前约，同时议和。郑经应允，两军以枫亭为界线，通商贸易，有事相援，不得互相侵伐，双方又结为联盟。②

五月，郑经进入海澄，窥伺漳州，分兵攻打南靖、平和等县。此举让黄芳度颇为不安，除了密整军旅，缮修城池外，分别派人入京及至广东请援。尚可喜接报后，立即命令尚之信整兵往救，又责令尚之孝、王国栋进兵潮州以分散郑军兵力。

为了防止清军再次进兵潮州城，刘进忠等人在新墟列营，由于清广东军队于当地有坚强的防御工事，且骑兵精锐，郑军不敢进击，双方呈现僵持之局。等到尚可喜增加一万骑兵给王国栋后，刘进忠担忧王国栋进兵，加上郑军营地平坦，并非险要之地，接战不利，便与刘国轩商议退回潮州城，以避广东军之锋，束兵保城。刘国轩认为，避则当避，但一定不能退回潮州。今非昔比，当日可以解救潮州之围，现今若再被围，就无法再援了。因为之前郑军平耿回战，军心雄壮，广东军围久师老，望风披靡，现在清军大队前来，一定有所打算。加上最近漳州有投诚清廷的趋势，只要广东军一到，漳州必然响应，福州耿军也会背盟南下，己军四面楚歌，不如暂且退至凤塘寨左方的鲨母山，列阵

---

① 倪在田：《续明纪事本末》卷七《闽海遗兵》。
② 江日昇：《台湾外记》卷七。

以待，与对方决一死战。议定，郑军在当日夜晚撤离。

隔日清晨，王国栋在听取郑军已经撤退的报告后，立即率领骑步兵尾随追赶，对于进兵神速的清军，刘国轩设下伏兵，利用清军骑、步兵行动不一致的时机，先行围攻步兵，将其击溃，骑兵也因毫无斗志而退。郑军追了二十多里，斩首两万多级，俘虏七千名，才鸣金收兵。

黄芳度虽然派人入粤请援，但仍担心一旦被围外无接应，便派遣赖升带兵到平和、小溪一带防守，并严格稽核出入城门之人以杜绝奸细。漳州知府知道黄芳度有叛离之心，遂假借出城拜访回到海澄。于是，黄芳度降清。由于师出有名，加上鲎母山之捷，郑经决意进讨，领军三路，会师于漳州城。

郑军在会合后扎营围攻，同时驰谕潮州，下令何佑由饶平攻打等待接应广东军的赖升。何佑迅速进兵，将赖升围困于平和附近，逼其粮尽而降。

漳州方面，黄芳度死守，郑军进攻不利，只好围城，等待时机。十月，黄芳度把家中黄金珠宝作为当月兵饷，漳州城众军不明所以，误以为是城中粮饷已尽，人心思变。有人潜往拜见冯锡范，约定献城。六日早晨，城中内应在东门城上施放三发空炮后开门迎降，冯锡范挥军兵分两队进入，黄芳度见大势已去，投井而死。随后，郑军进至邵武，杨德献城纳降。[①] 至是，郑经领有福建泉州、漳州、兴化、邵武及广东惠州、潮州，又进入浙江攻打温州、台州及于舟山，声势浩大。

漳州的攻克使郑经在沿海的领地连成一片，于是他应允陈绳武的建请，以漳州位居中央便于调度，遂移驻当地，令赵得胜返回海澄防守，又派遣林升、林应诸镇次第到潮州，由刘进忠、刘国轩二人统辖南征。

---

① 彭孙贻：《靖海志》卷四。

康熙十五年（1676年）二月，接继尚可喜全权处理兵马军务的尚之信因吴三桂、郑经两军合至，所属郡县兵将都已瓦解叛去，遂投降吴三桂。尚之信归降后，吴三桂力劝他与郑经联合，各守边疆，不要互相侵犯，以便之后三人能够会师由江西出击。尚之信遵劝，派人到惠州将军队撤回广州，将归善、博罗二县让给刘进忠，并遣使通好。刘进忠、刘国轩顺从其议，飞报郑经，双方以东莞、新安、石浓为界。郑经令刘国轩驻守惠州，刘进忠偕同何佑、江胜、林升等人返回潮州，等待时机与吴三桂会师出江西。

三月，耿精忠在接到吴三桂关于广东平定，尽快会师的告知后，立即命令总兵蔡达带兵前往汀州协守，让马应麟督师出兵攻占瑞金。马应麟知道耿精忠不以蔡达出征却叫他代守，必定是另有图谋，于是在打下瑞金后，他迅速回师，改克汀州，献于郑经。

至此，耿精忠所掌控的地方，只剩下建宁、延平两府及福州城，郑耿联盟也再次破裂。实际上，郑经与三藩虽然同盟，但立场相当不同：郑经始终自视为反清复明的义师，认为反清者就应该复明，所以他将跟三藩的关系定位为，在战略上可暂时与他们合作，以共同打击清军，而在立场上则坚持原则，绝不妥协。因此，郑军与耿、尚往来的同时，又不断攻掠他们的阵地，质疑他们的立场，这也是郑经背盟的主要缘故。[①]

八月，兴化守将马成龙遣人前往漳州晋见郑经，呈献兴化府。郑经命令许耀率军进入兴化府与马成龙共同防守即将由仙霞关入闽的清军，又派人带令到潮州调拨何佑、江胜、林升等人返回漳州听命。九月，吴淑在汀州府城归降后，与马应麟连下汀州府其他各县。基于该府处在万山之中，是通往赣州、广信的要地，但是区域辽阔且多岔路，仅靠一支部队不足以防守，加上清

---

① 叶高树：《三藩之乱期间郑经在东南沿海的军事活动》。

康亲王杰书已经率领军队由仙霞关进入福建，吴淑建议郑经加派兵力协守，以便进可攻退可守。于是，郑经下令薛进思带兵前往汀州把守隘口。

清军入关对耿精忠的影响更大。耿精忠得到消息，马上释放被留滞于福州的王进功，让他返回泉州治兵应援。但是王进功到泉州后却往见郑经归诚。鉴于领有之地渐失，重要将领也多依附郑军，耿精忠思来想去，最终在康亲王答应为耿精忠保题，仍授王爵镇守福建的情况下，降于清朝，引导清军进入福州。

耿精忠降清后，郑经以许耀为总督，从兴化率领三万部卒进屯乌龙江，又遣使吴淑进攻延平，切断清军入闽途径。吴淑由邵武进入延平，与清将沃申对战，因部将背叛降清而败，退回邵武。

十一月，清军在乌龙江东侧列营数十里，积极备战，而身为总督的许耀眼见清军连营数十里，心怀疑畏，只是消极备战，并多次向郑经请求增兵固守，并以自己才能无法胜任总督一职，会耽误大事为由请辞。对此，陈绳武、冯锡范认为许耀的辞职只是为了自抬身价，不以为意，并不发兵增援。

二十四日，清军渡江攻击，同时以骑兵从闽安等地合击，郑军大溃，一路退至涵江。

同月，康亲王以邵武为上游要地，而为郑军占据，下令都统穆黑林等带领一万名骑步兵进攻邵武。面对这一局势，原本被谕令进取延平、建宁合攻福州的吴淑，于二十五日率领诸镇驻扎于长桥以为犄角。十二月三日夜晚，穆黑林部队到来。为了防止清军发动突袭，吴淑命令士兵据桥守险以待，但是其手下却轻敌冒进，被清军骑兵击溃。吴淑只好退至建宁。

在汀州方面，郑守将薛进思在连续接报许耀大败、吴淑已经舍弃邵武，追兵即将到来后，惊疑不定，仓皇无措，驰令各守隘将士撤兵返回漳州。汀州的弃守，让回避清军锐气的吴淑无奈下亦退回漳州。清将穆黑林等人乘势收复邵武、汀州两府所属各县。

康熙十六年（1677年）正月，清军攻下兴化、仙游，师至惠安。郑经闻报后，与冯锡范、陈绳武相顾失色。二月一日，郑经解除禁止百姓出城的规定，让他们得以出城避难。当时在城的何佑、林升诸镇也惊慌不定，士兵溃散，将领无法约束，只能任由他们逃走。初九日，清军喇哈达部到达晋江洛阳桥，郑泉州守将林定无备，城破。初十日，郑经接获泉州败绩失城的报告，急忙与冯、陈二人登船由漳州回到厦门。清军继续往前推进至漳州，于二十日抵达江东桥，漳州知府程梦兰、副将孙绍昌降清。清军入城安民，随后又收复海澄、漳浦、诏安、云霄等地。

由于局势江河日下，明郑在各地的文武官员各自星散。例如潮惠道江德中、碣石总兵苗之秀、漳浦总兵刘炎、漳浦营城守张国杰等人都向清朝投诚。郑经本来打算撤至台湾，然而厦门百姓哭着恳请他留下，郑经于心不忍，暂且留下。过了几天，诸镇如林定、江胜等人陆续逃归，部队稍稍聚集，郑军才稳住阵脚，人心也较为安定。

四月，由于军资缺乏，郑经依从陈绳武建言，分派诸镇到沿海驻扎，就地取粮，以作声援：前虎卫林升驻扎东石、留南地方；水师一镇萧武前往湄洲，防守兴化地方；水师四镇陈升、五镇蔡冲珊、七镇石玉、八镇陈胜分拨泉州晋江、南安、惠安三县沿海的蚶江、祥芝、崇武、獭窟地方；水师二镇江元勋、三镇林瑞骥守御海澄、芝阴，并管辖福清、长乐沿海；总制亲随协王一鸣守镇横屿；楼船中镇萧琛守备定海地方；危宿镇陈起万驻守福宁州地方；总制后协林日慧、前协吴兆纲分扎福安、宁德地方；楼船左镇朱天贵、右镇刘天福督师前往浙江宁波、温州、台州、舟山等处；援剿后镇陈起明严守同安港沥洲地方；后提督吴淑驻扎厦门大石湖，兼辖同安；扬威前镇陈昌、左镇陈福分扎谢村、澄海地方；戎旗一镇林应护守井尾、连江、漳浦地方；左冲镇马兴隆、昭义镇杨德、奇兵镇黄应、英兵镇李隆、殿兵镇杨奕、房宿镇杨兴分屯铜山、五都、诏安、南澳、潮州、浅山等处；宣毅左镇邱辉仍扎达濠。

由于郑经仍然据有厦门，清师船只数量不足，加上惠州、潮州两府尚在刘进忠的控制下，康亲王改变策略，派人前往厦门招抚。而郑经依然是要求不剃发，比照高丽、朝鲜事例。

除了招抚外，清廷也在想办法解决刘进忠的掣肘。刘进忠先前虽然依附郑经，但他认为郑经的言谈、人品一般，心里颇为轻视。在郑军接连吃下败仗后，刘进忠于六月六日向清朝投诚。刘国轩愤而将所有的辎重、衣甲、马匹等物都留在惠州，自己带着二十余名亲信回到厦门。

七月，康亲王再度派人前往厦门重申前议。冯锡范认为清廷如果能依照郑成功时代给予四府之地以充实郑军粮饷，自然可以达到息兵安民的目的。清使回报之后，康亲王有所退让，同意只要郑经能够归还沿海之地及岛屿，带着军队退回台湾永不再犯即可，愿不愿意削发受爵则自便。不过，冯锡范却认为以前郑成功只有金厦两岛时，还想要率领军队进攻江南，现在明郑已经有了台湾，进战退守完全可以自主，不会因为一次失败就退缩。如果清廷以生民为念，想要郑军罢兵息民，就将沿边海岛都让给明郑，并且给予粮饷。由此郑清和议再度破裂。从乌龙江之役到郑清两次和谈都可以看出，郑经过于倚重冯锡范、陈绳武两人，以致意见、号令常受左右，郑氏政权的旁落及冯氏权势的坐大，种下了明郑败亡的种子。

十一月，鉴于和议未成，郑军又虎视眈眈，康亲王迁徙沿海居民，自福宁到诏安，每二十里设一寨堡禁止百姓出入。郑经则持续攻击泉州、舟山、台州、温州、广东沿海等地，但或被逐，或不久即离去。①

康熙十七年（1678年）正月，刘国轩建请郑经进兵入漳以观其变。郑经以刘国轩为中提督总督诸军，吴淑、何佑为副相机进取。

当时，清军在漳州各要地都有重兵把守，刘国轩以运动战方式，不断调动敌军，让其疲于奔命："乘潮扬帆，直入江东，攻打营寨。忽随潮退，进取海澄；忽又以潮涨，突入镇内，鼓噪往漳，似欲攻城状；忽又跟潮落，旋泊镇门之东，上岸欲去抢关。倏水倏陆，而满汉官兵疲于应敌。"②

在刘国轩指挥下，郑军江东之役一日三捷，赤岭连胜数阵，水头山大败水师提督黄芳世，乘胜兵围海澄。

对于海澄，原本刘国轩认为该地城坚，短时间内难以攻破，考虑到当地人多粮少，最后城内守军一定会出城，为免己方有所损伤，不如空出西门，让对方可以撤离。而守城清将段应举却认为漳州军会来救援，到时内外夹攻，郑军必溃，因而派人修筑炮台、壕栅。刘国轩见此，知道清军要等待救援，于是令诸镇连营围困海澄。

对于清军的接连失败，清廷改任署福建布政使司姚启圣为总督，又勒令巡抚杨熙致仕，以署按察司吴兴祚为巡抚，并将原在闽省担任漳浦总兵的江南提督杨捷调往福建。新上任的姚启圣虽然屡次想要进兵援救海澄，但都无功而返。六月，海澄被郑军攻破。

海澄既得，吴淑力劝刘国轩趁势攻下漳州城，刘国轩认为该城拥有数万满汉骑步，城墙坚固，无法急围，必须等到攻下兵寡将弱的泉州，去其屏障后才行。六月十三日，郑军探子回报清援

---

① 有关郑经移驻漳州至败回厦门的过程，参见江日昇《台湾外记》卷七、倪在田《续明纪事本末》卷七《闽海遗兵》。
② 江日昇：《台湾外记》卷八。

兵已经到达同安，刘国轩遂与吴淑各自行动。刘国轩率领何佑等精锐部队前往同安迎战，清守将遁入泉州，城陷。① 吴淑另领一军进入长泰，先后攻陷平和、漳平。

七月，刘国轩在扫除泉州府属各县清军势力后，率领六万军队围困泉州。知府张仲举捐出家产铸造军械及犒赏军士，同时遣人到福州告急。

八月，清军诸路并进，援救泉州。此役郑军败多胜少，只好解围撤离。

九月，刘国轩大会二十八镇兵力攻漳州。两军决战于龙虎、蜈蚣二山之间，郑军先胜后败，被破十六座军营。清军乘胜收复长泰、同安。

虽然漳泉属县皆为清有，郑军只剩下海澄县及石码、镇门，但是刘国轩建立了牢固的防御工事，首尾相连，难以攻破。于是清廷于十二月又再次下令迁界守边，福建上自福宁，下至诏安，沿海百姓重被逐入内地，每十里或二十里的近水险要处添设炮台，稽查防范。②

然而，姚启圣认为未能收复海澄终是一大隐忧，在他人建议下，将漳州卫改为"修来馆"，招抚郑军文武兵民，并开出如下条件：文官投诚，以原衔题请，准许照职推补；武官投诚，一面题请换札，一面保题现任；兵民如果头发全长者，每人赏银五十两，如果头发短者，每人赏银二十两。愿意入伍的，立即分配到军营，给以战饷，愿意回乡务农的，立即送回原籍，让府县长官安插，禁止豪强欺凌，挟怨报复。加上投诚者就算受抚后如果仍然回归郑军，姚启圣亦不加以拦阻，而是多方反间，塑造己方慈惠的形象，结果郑军多有投诚之人。

---

① 江日昇：《台湾外记》卷八。
② 江日昇：《台湾外记》卷八。广东因平南王尚之信力争不必迁移，因此幸免于难。

康熙十八年（1679年）夏，康亲王眼见刘国轩严密布置，心知一时三刻间无法平定对方，加上中书苏矿有鉴于沿海百姓长期受困，向他建议再行招抚。于是，他派人向郑经传达如果郑经能够撤军回台，就依照朝鲜事例永为世好的心意。原本这也是郑经所愿，可惜的是，此时明郑政权已经掌控在冯锡范手里，冯锡范要求海澄无论如何都必须归明郑所有，以作为双方互相往来的地方。对于双方各设官往来的建议，康亲王表示此项为总督职责，自己不便决定，遂令明郑使者傅为霖到漳州拜见姚启圣。对此，姚启圣表示反对，于是，此次和议再度破裂。姚启圣除了力阻康亲王的和议内容外，还认为兴化、平海军事地位重要，必须由资深又熟悉海上情形的人镇守才行，因此，他具疏题请朝廷以在京的内大臣施琅为福建水师提督。中央虽然也承认当地的重要性，却不愿意让施琅回到福建，改派湖广岳州总兵万正色为福建水师提督。

十二月，康熙皇帝召见自福建来到京师的户部侍郎达都，向他询问现今"海寇"的情况，以及是否有平定的时机。达都向皇帝奏报明郑在厦门、金门势力大挫，因为对方粮米无处凑集，不能久待，不日间即可底定。于是，康熙除了诏命清军趁着对方粮匮之际速取海澄等要害之处，让他们无所凭依外，还要一举消灭对方，如此则己军无野处之苦，也可以纾解民困。不可以抱着相机徐图的心态，否则无法将对方尽行歼灭。[①]

正月，急于灭敌的康熙皇帝命令福建总督、巡抚和提督酌定相关事宜，吴兴祚因而上疏陈述当时的情形：郑军船只虽多，但不如清军新造的鸟船坚固便捷。现在郑经将所有的船舰调集到海坛，己军应该利用季风甚利、将士方锐之际先行攻取海坛，突破对方防线，那么就可以乘胜拿下厦门、金门了。他已经跟提督万

---

① 《清圣祖实录选辑·康熙十八年》。

正色商量好，由万正色率领水军直攻海坛，自己率领标兵到同安与姚启圣、杨捷商量谋取厦门的计策。万正色也上疏称：现在新旧大小船只都在定海集结，巡抚吴兴祚在巡视过后认为可用，众人商议决定由吴兴祚率领标兵驰赴同安以为声援，总督姚启圣、提督杨捷调派陆路兵士占据围头防止敌军出入，他则于二月初进取海坛。①

二月，清军在福州的船只建造完毕，万正色随即遣人到漳州和泉州知会喇哈达、赖塔、姚启圣、杨捷众人。他认为进攻金厦二岛，应该水陆两师齐进互为支持，如此一来，在观音山的刘国轩一定会分兵出敌，清军再利用他分兵势弱的时机，攻打他的根据地让他撤走。这样的话，不但可以夺取海坛，且海澄等地也都能收复。一旦收复海澄，厦门亦可得。他还建请吴兴祚督领陆路诸将于沿海各港驻扎，施放炮火攻打郑军，让对方无法到崇武停泊取水而自乱阵脚。

郑经接获清水师即将由福州港出发的消息后，立刻要刘国轩将林升、江胜调回厦门，并以林升为水师提督，北上迎战。② 然而，林升畏于清军人数众多，分出三十艘船防守海坛，自己统领六十艘船泊于泉州。③ 其后，双方于海坛开战，在清军合击之下，郑军溃败，被击破十六艘船，溺死三千余名士兵。

林升本想将全军寄泊于晋江围头，但因为沿边海岸已经被吴兴祚率领的陆师占领，安炮守御，无处可停，只好在海上下碇，召集诸镇商讨退到金门料罗湾的可行性。朱天贵认为此举会动摇军心，不如到海坛停泊，再分军把守观音澳等地，如此一来，便于相援，还可以攻击。但林升自恃为总督，固执己见，依然传令全师退泊料罗。

---

① 《清圣祖实录选辑·康熙十九年》。
② 江日昇：《台湾外记》卷八。
③ 彭孙贻：《靖海志》卷四。

林升的决定让郑经、冯锡范等人大吃一惊，怀疑林升已经战败，以此塞责，厦门百姓也都惶恐不安。郑经立即遣人到观音山将消息告诉刘国轩，要他将军队从海澄撤回厦门，商讨进退之策。刘国轩依令而行，但在抵达厦门晋见郑经后痛骂在他身边的众人还没查证消息就先起疑，使之前的努力都付诸流水。二月底，侦知厦门局势混乱，清军大举进攻，海澄及沿海诸岛相继收回，郑经只能退回台湾。

　　沿海诸岛既已平定，清廷原本想要继续实行迁界政策，分兵守御，但是姚启圣持反对意见，他认为沿海地区本来就在版图内，这些地方的鱼盐、田土每年总计可以增加赋税数十万两银子。之前因为政策错误，轻易放弃，才会导致郑经利用三藩之变在当地横行数年，现在既然收复了，就要好好固守，不可以又轻易舍弃。吴兴祚也认为当留不当弃，不然的话，敌军不久后又会到来。于是，两人会同喇哈达、杨捷、万正色一起上奏题请展界，获得同意，清廷允许自福宁到诏安的百姓复业。此外，清廷还以水师提督驻守厦门，分防沿海，并在海坛、金门、铜山各增设一名总兵官。①

　　为了尽早解决台湾问题，姚启圣又上奏建议等待荷兰船到来后直取澎湖、台湾，但是万正色认为澎湖远在外洋，只有三个港口可以停泊，况且港口狭窄，无法联舟前进。不唯如此，台湾隘口浅狭，仅仅容许两船并行，只要有人防守，就难以攻破，一旦遇到风浪，无处驻泊船只，加上粮运不继，就会有很大的隐忧。现在郑经占处台湾，分遣镇将扼守澎湖，如果全力攻打，他们就会做困兽之斗，不如慢慢招纳，一定可以让他们归诚。况且福建沿海百姓遭遇饥馑，又苦于借派，息兵休民还不见得能够稳定下来，劳师动众的话，更是永无宁日。基于此，应该在沿海设戍巩

---

① 江日昇：《台湾外记》卷八。

固海疆，不可以轻言动兵，以免滋扰。

最后，清廷采纳了万正色的建议，暂停对台湾、澎湖用兵，再次实行招抚政策。①

综观三藩之乱时期的郑清战争可以分为三个阶段。第一阶段：自康熙十三年（1674年）三月耿精忠反清到康熙十五年九月清军入闽，为明郑扩张时期。是时，郑经于金厦漳泉一带建立根据地，并将势力扩展到兴化、邵武、汀州、潮州、惠州、韶州等府。不过，这些地方都是耿精忠或尚可喜的势力范围，不是清军的主要据点。第二阶段：自康熙十五年九月清军入闽到康熙十七年十二月清廷实施迁界，为郑清僵持时期。此时，郑军于乌龙江战败，兴化、泉州、漳州、汀州、邵武五府全失，只剩金门和厦门。虽然刘国轩极力反攻占领海澄，消灭福建提督段应举等数万人，但是被清军局限于漳泉一角。第三阶段：自康熙十七年十二月清廷实施迁界到康熙十九年二月郑经退回台湾，为明郑败回时期。当时，清廷剿抚并用。刘国轩扼守漳泉要道，兼顾厦门，不过又被姚启圣等人打败。而且万正色与吴兴祚也相率统领水陆军合攻金厦两地，郑经尽弃海澄及沿海诸岛屿退回台湾。

郑经在东南沿海的征战形势由盛转衰，除了外在局势的变化外，也和他在政权发展期间未能及时化解诸多隐忧有关，这是郑成功、郑经父子共同面临的困境。郑氏的崛起，虽然得力于结合东南沿海的各方势力，却也造成政权内部派系林立，各有各的利益考虑。郑氏在建军的过程中，每次遇到战事就四出招募，或是联合地方势力、招纳降众、收编山贼海寇，军中人士品流复杂，没有向心力，屡得屡失。另外，反清复明的目标在郑氏内部已无法齐一，更无法要求其他同时并存的反清团体。在混乱的局势

---

① 《清代官书记明台湾郑氏亡事》卷二，见"台湾文献丛刊"第174种，台北：台湾银行1963年版。

中，坚持立场虽然有其必要性，但过于强调原则，有时不免有刚愎之失，造成郑氏父子被孤立的倾向。上下共识难以建立，以至于郑氏政权的巩固、凝聚往往依靠利益而非理想。归附者往往视落海为进身之阶，一旦清廷提出优厚的条件相诱，郑军的瓦解只是时间问题。①

第三节　明郑政权的败亡

败退台湾后，明郑上层依旧不思进取，政争、扰民不断。

冯锡范回到台湾后，眼见陈永华重权在握，便与刘国轩合谋解除陈永华的兵权。有一天，冯锡范到陈永华的住所会见，假意对自己扈驾西征却无尺寸之功感到羞愧，想要邀请陈永华一起辞职安享天年。陈永华信以为真，便先向郑经乞休。起初郑经不允许，后来在冯锡范的劝说下，郑经才答应，并将其所辖的勇卫军交给刘国轩管理。然而，事后冯锡范没有照约定请辞，依然统辖着侍卫军，陈永华顿觉被骗，后悔不及，心情很是郁闷不快，不久便去世。

康熙十九年（1680年）五月，探子回报姚启圣正在修造战舰，有意进攻台湾。郑经与冯锡范等人商讨，议令天兴知州按照屯册甲数，每十人抽一人入伍训练备用，街市商民则十家共出一丁，每名折价征银一百两。由于不管各家财富多寡，都征收一样的价钱，贫富负担不均，民众大为不满。

郑经养子郑克臧个性刚毅果断，深受郑经的信任。他在担任监国期间，裁决国事，赏罚功罪都很公正，即使是伯叔兄弟犯

---

① 叶高树：《三藩之乱期间郑经在东南沿海的军事活动》。

错，也一视同仁，阻止他们横行霸道，因而受到亲族的怨怼。①由于郑克㙉处理事情得当，郑经很是欣赏，等到郑军自厦门败归后，郑经不但将所有的事情都托付于他，还拨派三千名精兵作为他的护卫。这使亲族更加忌惮和愤恨。

康熙二十年（1681年）正月，郑经病逝。临死前，他令刘国轩和冯锡范辅佐郑克㙉。然而，冯锡范却和郑经诸弟合谋，以"克㙉螟蛉难嗣大位"，将其诱杀，立年仅十二岁的郑经次子郑克塽继位。明郑大权更加为冯锡范所独揽。②

明郑内斗一事很快就传到清朝负责对台事务的官员喇哈达、姚启圣、万正色及杨捷等人耳里。喇哈达认为天将灭亡明郑，所以让他们有内乱，己方可以趁机贴出告示，前去晓谕，让他们人心离散。于是，清方加紧刻刷，将告示张贴于沿海地方，另外封装两箱，与礼物、移文一起用船只送到澎湖，其中一箱交给澎湖守将转送到台湾。

康熙二十年（1681年）六月，姚启圣将郑经身死，冯锡范推立郑克塽一事上奏朝廷。康熙皇帝命令姚启圣、吴兴祚、喇哈达等人同心合志，分派绿旗舟师伺机窥复澎湖、台湾，剿抚并用，底定海疆。③ 随后，姚启圣与吴兴祚合疏保题施琅为福建水师提督，获得同意。万正色则改为陆路提督，清廷改变原本对台抚重于剿的政策。④

十月，明郑在籍没密谋降清的傅为霖家时，搜出了他与姚启

---

① 江日昇：《台湾外记》卷八。

② 郁永河：《裨海纪游　郑氏逸事》，见"台湾文献丛刊"第44种，台北：台湾银行1959年版。

③ 《清代官书记明台湾郑氏亡事》卷三。

④ 原任水师提督的万正色会被改为陆路提督的原因，是他认为澎湖到鹿耳门间潮急礁险，船只无处停泊，如果进攻则己劳他逸，只会失败徒损国威，不如将台湾置之度外。此种倾向不符合当时中央、地方主战的态度。参见同治《福建通志台湾府·杂录》。

圣来往的密书,内中言及"澎湖无备,可速督兵前来,一鼓可得。若得澎湖,台湾即虚,便当起兵相应",加上又有探报水师提督施琅专门负责攻打澎湖,冯锡范担心如果来不及防守澎湖,台湾就有危险,所以建议郑克塽赶紧调派刘国轩到该处,并由水师镇林亮督修需要的战船。刘国轩到澎湖后驻扎于娘妈宫,搭坐快哨巡视三十六屿相地设险。他又推荐援剿左镇陈谅为右先锋镇,提调各屿与陆路诸师;右武卫林升为水师总提调,左虎卫江胜副之;宣毅右镇邱辉、援剿后镇陈起明两人为先锋。郑克塽、冯锡范还以刘国轩为正总督,督领水陆诸军,自副将以下都可以先斩后奏,并以征北将军曾瑞、定北将军王顺两人为副,共守澎湖。

在清军方面,由于施琅与姚启圣意见不合,双方互争主导权,攻台计划起初进行得并不顺利。姚启圣认为应该利用北风于十月时由围头攻打台湾,因为当地有很多港口,进可攻,退可守。施琅则认为澎湖不破,台湾很难攻取,反之,只要攻下澎湖,台湾就会不攻自溃,因此主张利用南风及时由铜山攻打澎湖。况且由于北风凶猛,如果不能一战成功,船只就会无处可停,军队也会随着风浪漂泊无法聚在一起,不若夏至前后二十余天波平如练,可以将船只停泊在海上。① 以此,施琅认为若要渡海东征,时机很重要,如果事事都要会同督抚,便会延误战机。他在康熙二十一年(1682年)二月上疏密请专征,建请让总督姚启圣及巡抚吴兴祚驻扎厦门,居中节制,别有调遣,专门负责粮运策应,并让自己拥有题定功罪赏格的权力,使大小将士都能遵从命令。此疏被留中不发,没有获得皇帝的认可。②

三月,姚启圣率兵出定海,但是因为风向不利返回。③ 五月,施琅基于船只已经齐备,遂邀请喇哈达、姚启圣到铜山,准备乘

---

① 同治《福建通志台湾府·杂录》。
② 江日昇:《台湾外记》卷九。
③ 同治《福建通志台湾府·杂录》。

着南风正盛时进取澎湖。此举遭到姚启圣反对，他认为南风轻软，应该等到有北风时再出师。施琅进一步陈述南风虽软，但如果由铜山出发，则位于上风上流处，清军不仅可以保持船队队形，而且士兵没有晕眩之苦，如此一来，攻台势如破竹。施琅的建议没有说服姚启圣，他认为经验丰富的刘国轩诡计多端，即使清军处于上风上流，也有可能被对方反加利用。当双方争执不下时，喇哈达出面劝解，除了要他们同心外，也建议上疏请求朝廷放宽期限，再等候时机进攻。施琅感到无奈，只能操练待时。

七月，施琅又再次恳请皇上使自己独任专征事宜，不限时日，并命令督抚专门负责粮饷接应，如果没有效果，就将自己治罪。施琅的再次请求终于获得朝廷的正面回应，十月，施琅在平海卫陆续接到写有"进剿海逆，关系紧要，着该督、提等同心协力，催趱粮饷，勿致迟误，前姚启圣具题'功罪定例'，交与施琅遵行"及"若有可行机会，提督施琅等应遵前旨，统伊所派船兵，毋失机会而行可也"的圣旨，进剿权终于掌握在施琅手里。虽然姚启圣觉得应该以招抚为主，但是施琅认为如此一来，又是虚縻钱粮，决意采取攻击行动。不过，由于当时北风正烈，不利进讨，施琅下令各镇协营暂时归汛，自己也统船回到厦门。施琅没能渡海，姚启圣在十二月差人前往澎湖，答应让明郑不削发，只称臣纳贡，照高丽、朝鲜事例。冯锡范等人仗着有海上波涛之险，对此事并不在意，双方终究还是无法达成协议。[1]

康熙二十二年（1683年）正月，明郑听闻清军即将来攻，以冯锡范为左提督，带领军队到鹿耳门防备。[2] 五月，刘国轩派人带信到福建给总督姚启圣，重申依照琉球、高丽等外国事例，称臣进贡，不剃发登岸的意愿，但被清廷以明郑之人皆是福建人，

---

[1] 江日昇：《台湾外记》卷九。
[2] 夏琳：《海纪辑要》卷三。

不能与琉球、高丽相比为由拒绝。同时，康熙皇帝还催促施琅赶快进兵。①

六月十四日，施琅率领六百余号战舰、六万余名士兵自铜山出发，隔日抵达澎湖花屿，将船队停靠于八罩水按澳，并遣官至将军澳、南大屿等岛安抚居民。② 清军的到来实出刘国轩意料之外，他匆忙调整布防，移大炮于岸边，不让清军有港湾可以停泊，并传令诸军在娘妈宫前口子及内外堑、东西峙等要口守候。

十六日早晨，清军开始进攻澎湖。施琅令署右营游击蓝理、署后营游击曾成等人以鸟船率先攻击，郑将多人战死。③ 但因为涨潮的关系，清军前锋数船漂离，刘国轩乘机合师，两翼齐攻，清军撤退。刘国轩考虑到己方船只不多，而且部队已经缺粮一个月，有崩溃之虞，便不敢追击，这让清军有了喘息的机会，星散的船只陆续归队，舟停八罩。④

十八日，施琅集结诸将，亲自督率诸军，侦察郑军布防，并从澎湖外汛往内堑细察形势。

二十二日，施琅分兵直指娘妈宫攻打郑军。郑军虽然奋力死战，以一当百，无奈军力上居于劣势，在清军夹击下，大势已去，郑将曾瑞、王顺、陈谅、林升等人战死，郑军损失两百多艘战舰，被杀官兵一万两千三百多人。⑤ 刘国轩眼见势不可为，紧急从吼门逃离，退回台湾。⑥ 澎湖海战以明郑大败告终，究其原因，众寡难敌固然是主因，而郑军布防失当、战略错误，也是导

---

① 王先谦：《东华录选辑》，康熙二十二年五月甲子。
② 光绪《澎湖厅志》卷十一，见"台湾文献丛刊"第164种，台北：台湾银行1963年版。
③ 施琅：《靖海纪事》卷上《飞报大捷疏》。
④ 夏琳：《闽海纪要》卷下，见"台湾文献丛刊"第11种，台北：台湾银行1958年版。
⑤ 黄宗羲：《赐姓始末 郑成功传》。
⑥ 江日昇：《台湾外记》卷十。

致其水师被歼灭的重要原因。

刘国轩等人的撤走，让镇守澎湖其余各地的守军亦各竖降旗。总共投降者，有一百六十五名镇将，四千八百五十三名士兵，澎湖三十六岛悉归清有。①

施琅听从姚启圣之言，对投降的兵将予以医治，在赏赐袍帽、干粮后，将他们送回台湾和家人团圆。这些返回台湾者竞相宣传清军的恩德，许多人都想要归顺清朝。② 姚启圣与施琅的攻心政策加速了明郑政权民心的散亡。郑克塽将镇营兵眷口都羁留于红毛、赤嵌两城，以表明死守之心。③ 然而实际上，郑克塽与刘国轩于闰六月八日派人到澎湖会见施琅，要求让他们削发称臣，依然能在台湾留住，永为朝廷屏障。施琅认为此议如果是在澎湖之战前还说得过去，现在前来求抚摆明是诡计，如果真有心，应当责令刘国轩、冯锡范两人亲自前来，将台湾人民、土地都纳入清朝版图，候旨定夺，否则，只有誓师进剿一途了。七月十一日，郑克塽差人再到澎湖请求缴交册印，率众登岸以安插。④

明郑的卑恭态度获得清廷的正面回应，康熙皇帝敕谕郑克塽、刘国轩、冯锡范等人：如果真能悔过投诚，诚心向化，率领所属官军民人等全部上岸，以前的罪状就会被赦免，从优叙录，还能获恩到适当的地方安插。如果还是心存疑畏，犹豫迁延，一旦清军到来，难免又得面临战争，到时身家尽灭就后悔莫及了。⑤

---

① 江日昇：《台湾外记》卷十。
② 夏琳：《海纪辑要》卷三。
③ 施琅：《靖海纪事》卷上《飞报大捷疏》。如此做的原因，在于当时明郑诸将秘密纳款献台者众多。参见江日昇《台湾外记》卷十。
④ 江日昇：《台湾外记》卷十。
⑤ 王先谦：《东华录选辑》，康熙二十二年七月丙申。

七月十六日，施琅差人随明郑使者前往台湾晓谕军民遵制剃发，并命令郑克塽等人缮写降表及送上册印以代奏。① 他又向皇上题报台湾就抚情形，希望朝廷能够网开一面，赦免投降者罪行，② 同时差遣有才干的户兵二部官员前来会同督抚处理安置事宜。③

七月二十二日，明郑下令兵民剃发。④ 二十七日，郑克塽差人到澎湖会见施琅，缴交延平王印一颗及册一副、辅政公郑聪印一颗、武平侯刘国轩印一颗、忠诚伯冯锡范印一颗、左武卫将军何佑印一颗、招讨大将军印一颗，以及土地、户口、府库军实等资料，并建请施琅速到台湾，以免有人趁机作乱。

八月十一日，施琅统领吴英、林贤等镇、协、营、守备配坐船只，自澎湖进发，十三日入鹿耳门到台湾。十八日，郑克塽率领刘国轩、冯锡范、陈绳武、洪磊、何佑、黄良骥等文武百官及当地民众迎降。⑤

十一月，施琅眼见诸事已经就绪，遂将台湾交由吴英把守，自己坐船回到厦门。十二月，施琅到福州与督抚会议台湾弃留问题。施琅主张保留台湾，多次向皇帝上奏陈述台湾弃留的利弊，终获得朝廷的认可。⑥

康熙二十三年（1684年）四月，清政府在明郑旧制基础上，改承天府为台湾府，天兴州为诸罗县，分万年州为台湾、凤山二县。台湾府隶福建省，设分巡台厦道一员管理。又设总兵一员、副将二员、兵八千名，分为水陆八营。澎湖设副将一员，兵二千

---

① 王先谦：《东华录选辑》，康熙二十二年八月壬子。
② 施琅：《靖海纪事》卷下《台湾就抚疏》。
③ 江日昇：《台湾外记》卷十。
④ 民国《台湾通纪》卷二。
⑤ 江日昇：《台湾外记》卷十。
⑥ 江日昇：《台湾外记》卷十。

名，分二营。台湾新的政治、军事体制建立。

　　从顺治三年（1646年）郑成功起兵至康熙二十二年（1683年）郑克塽降清，郑氏以东南一隅的海上力量同清朝抗争达三十七年之久。郑氏的抗清事业中，最重大的贡献莫过于收复和开发台湾。台湾虽自古以来就属于中国领土，但在明末渐为西班牙、荷兰等侵占。郑成功出兵击败荷兰殖民者，结束长达三十八年的荷兰殖民统治，收复中国固有领土，维护了中国领土主权的完整。

　　收复台湾后，明郑政权在台湾沿用明代的行政制度，推广儒学教育，改善汉番关系。在经济方面，则大力推动屯垦，引进大陆的农业生产技术，并继续维持台湾与各地的贸易。这些都为日后台湾社会的发展打下基础，对此，明郑政权实有筚路蓝缕之功。

第四章
明郑时期台湾的政军制度与社会教化

第一节　行政制度与地方规划

　　台湾很早就有汉人入垦，元代于澎湖设立巡检司，隶属福建省同安县。明代，初沿前制，不久因为防御倭寇，实行海禁而废止。荷兰人侵占台湾后，行政权和开垦的范围，在今日以台南市为中心的南部地方。他们将所辖地方分为北部、南部、卑南、淡水四个地方会议区，各自辖有数十个村社，村中设有长老。荷兰人每年都要召集相关会议区长老举行地方会议，询问政绩，宣布政令，以便对台湾民众的控制与剥削。然而，殖民方式的统治必定不能被台湾民众所接受，郭怀一事件与民众普遍支持郑氏，就反映出当地人民对荷兰殖民者的唾弃。①

顺治十八年（1661年），郑成功围困荷兰人于热兰遮城，久攻不下，于是先行处理庶政。他依照中国传统行政制度，在台湾设立一府二县，委任文人担任府尹及知县，中央行政机构则设置六官，这些制度与荷兰殖民统治时期相比，自然较为进步。

明郑的中央职官，始于顺治十二年（1655年）设立的吏、户、礼、兵、刑、工六官。起初在六官之下各置司务官，并在刑官下加置刑知事一人，后来因为有人劝谏不适合僭越设立司务，郑成功才废除司务官改为都事，又于下置给事中若干人。顺治十四年，郑成功设置长史以掌政令，匡王失，总率僚属，不过长史的事迹不见于记载，或许是因为处于变局之际，虽有设置，却有名无实。郑成功又设立参军以备咨询，其后郑经添置咨议参军，以陈永华担任，所倚独重。此外，明郑还设置察言司，以司风宪，讥察弊政；承宣司，以宣播德泽禁令，并察僚属职能臧否；审理司，以按刑狱，禁横暴；中书科，以掌写笺奏，供笔札。康熙五年（1666年），郑经听从咨议参军陈永华的建议，设立学院及国子监助教，四年后又加置国子监司业。

此外，明郑还设置了赏勋司、效用官和职掌督造船料、军器火药诸项的督造，以及掌管晋接聘问的宾客司，其他杂职则有典宾、典仗、典仪、典膳诸官，均置于顺治十四年（1657年）十二月。还有因为一时需要而设立的职官，例如郑经西征时以世子留守，曰"监国"；或者是设立一个地区的总制，位在各文武百官之上，例如陈永华为东宁总制，郑泰为金厦总制即是；再如为经营东西两洋贸易所设的裕国、利民二库，和为了培育人才而设的储贤、育胄二馆，都是因时制宜，并非常制。

---

① 徐雪霞：《明郑时期汉人在台湾的拓展》，载《台南文化（新刊）》1984年第18期。

地方行政机构方面，郑成功推行府县行政制度，改台湾为东都明京，寄反清复明之志，改热兰遮城为安平镇，寓故乡之思，改普罗民遮城为承天府，作为行政总机关，下设天兴、万年两县及澎湖安抚司。他以杨朝栋为府尹，庄文烈知天兴县事，祝敬知万年县事，又行府尹查报田园册籍，征纳税银，复令黄安监守安平镇，周全斌总督承天府南北诸路。承天府北以新港溪与天兴县分界，南以土墼埕与万年县分界。天兴县范围北及鸡笼，实际治辖诸罗一带，县治设于开化里；万年县范围南至琅𤩝，实际治辖凤山一带，县治设于二赞行。自是，台湾建立起府县制。顺治十八年（1661年）十二月，郑成功改以郑省英为府尹，并于来年正月，另以叶亨继宰万年县事。

由于郑成功早逝，庶政经营仅仅只是起了个头。等到郑经继立，谨守藩封，以东宁称呼全台。他又废除承天府的京兆之格，升二县为州，将属于旧承天府的坊里划归天兴州管辖，天兴、万年两州遂在土墼埕接壤。他复于澎湖安抚司之外，加设南北路两安抚司分理庶政。终郑经之世，台湾为一府两州三司之局。郑经还用陈永华为政，休养生息，开始全力经营台湾，使行政体系更趋完备，行政功能也更加强化。

中国传统地方行政制度的基层是县，县以下为民间自治性质的保甲制度。起初，东宁始建，明郑分承天府治为四坊——东安、西定、宁南、镇北，每坊各设置一个行政官吏，名叫"签首"，管理民事，这是城市的制度。在乡村，则设置文贤等二十四里，里设总理。如果以现今的台湾地名来看，这二十四里的地望及名称大致如下：

（1）文贤里：今高雄市茄萣区全部及湖内区大部分，还有台南市仁德区的保安、三甲、二行、大甲四里地区。

（2）仁和里：今台南市东区、南区各一部分，以及仁德区的成功里。

（3）永宁里：今台南市南区部分地区。

（4）新昌里：今台南市南区部分地区。

（5）仁德里：今台南市仁德区部分地区。

（6）依仁里：今台南市仁德区的中洲、中生二里地区。

（7）崇德里：今台南市关庙区田中、龟洞、布袋三里，及归仁区的武东、大潭二里地区。

（8）长治里：今高雄市路竹区部分地区，及湖内区的大湖、田尾、湖内三里地区。

（9）维新里：今高雄市永安区全部、路竹区部分地区，以及冈山区的本洲、湾里二里地区。

（10）嘉祥里：约当今高雄市冈山区部分地区，及阿莲区的复安、玉库二里地区。

（11）仁寿里：今高雄市梓官区全部，冈山区、桥头区、弥陀区大部分，以及楠梓区的蓝田里地区。

（12）武定里：约当今台南市安南区、北区、中西区部分地区及永康区的三民里地区。

（13）广储里：今台南市新化区部分地区，及永康区新树、西势二里地区。

（14）保大里：今台南市永康、关庙二区，及新化区部分地区。

（15）新丰里：今台南市关庙区及龙崎区各一部分。

（16）归仁里：今台南市归仁区大部分地区。

（17）长兴里：今台南市永康、仁德二区各一部分。

（18）永康里：今台南市东、北二区部分地区及永康区一部分。

（19）永丰里：今台南市归仁区仑顶、沙仑二里地区。

（20）新化里：今台南市山上、新市、左镇三区全部，南化区一部分，以及玉井区九层里地区。

(21) 永定里：今台南市北区、安南区、佳里区与安定区各一部分，及西港、七股、将军三区全部。

(22) 善化里：今台南市善化区全部，及大内、玉井二区各一部分。

(23) 开化里：今台南市佳里、麻豆、下营三区，与六甲、官田二区部分地区。

(24) 感化里：今台南市新化区部分地区。

以上二十四里，是当时汉人移民居住的中心场所，由此以南达于琅峤，以北远至鸡笼，均是少数民族各社错居，还没有设置街庄堡里等机构。

坊里内还实行保甲制，十户为牌，牌有牌长；十牌为甲，甲有甲首；十甲为保，保有保长。保长的职责有四：一、办理户口；二、禁止赌博；三、查访盗贼；四、劝勉农桑。凡是人民的迁徙、职业、婚嫁、生死，保长均要向总理、签首报告。仲春之月，总理、签首再汇报于官，考其善恶，信其赏罚，以此构成严密的基层组织。汉人坊里如此，少数民族各社亦不例外，不论是一二百丁的大社还是二三十丁的小社，都设有正副土官，用以统摄民众。从工作内容和身份来看，他们就如同中国大陆的里长、保长，并非世袭，地位也未必比其他人优越。

明郑时期的行政制度，沿袭明制，由中央以至地方，由府县以至保甲，由汉民以至少数民族民众，无一不运行于中华文化的政治系统下，以安定有序为运作目标。[①]

在吏治方面，郑成功执法尚严，只要犯法，就算是亲信也不会放过。例如前面所言的郑成功更换承天府尹和万年知县，是因为府尹杨朝栋及知县祝敬用小斗克扣士兵月粮，两人同时伏诛；

[①] 徐雪霞：《明郑时期汉人在台湾的拓展》；盛清沂：《明郑内政考略》，载《台湾文献》1976年第27卷第2期。

宣毅后镇吴豪因为抢掠百姓银两，盗匿米粟而被杀；郑经虽然是世子，也因为与其弟的乳母通奸，郑成功定要将他问斩。对此，提督亲军骁骑镇马信曾经劝谏他说："立国之初，宜用宽典。"郑成功回答："立国之初，法贵于严，庶不致流弊，俾后之守者，自易治耳。故子产治郑，孔明治蜀，用严乎？用宽乎？"马信一听觉得有理，对于郑成功的做法心服口服。[①]

郑成功执法尚严的原因，在于他收纳了一批依靠战斗和掳掠为生的亡命之徒，组织成军队。要震慑这群人，唯一的办法就是用严刑峻法，果于诛杀，以维护他的军纪。况且当时台湾初辟，政治基础尚未稳固，而辟草莱、移垦于蛮荒，本来就是件极为艰苦的事情，兵士皆不乐从，如果不用重法，纪律必将废弛，军队难以约束。由于郑成功以法治为尚，因此复台之后，他才能在上下奉法唯谨、兵民相安无事的情况下，使屯垦制度急速推进，让台湾在数十年内保持夜不闭户、路不拾遗的安定局面。

郑成功死后，子郑经委政于陈永华，为了与民休息，法网稍疏。然诸郑亲贵常常有恃势侵夺的事情发生，陈永华无法抑制，只好建言郑经让郑克𡒉监国。郑克𡒉再严之以法，百姓喜有天日。但此举导致诸郑及将吏对郑克𡒉的忌恨，郑经一死，政变遂起。郑克塽以幼稚秉政，柄归权臣，遑论吏治了。[②]

第二节　兵镇组织的发展

顺治四年（1647年）十二月，郑成功起兵南澳时，以郑芝龙旧部和南澳所收数千士兵为基础，组成左先锋、右先锋、亲丁、

[①] 江日昇：《台湾外记》卷五。

[②] 盛清沂：《明郑内政考略》；万仲良：《明郑败亡原因之探讨》，载《台湾文献》1981年第32卷第3期。

左护卫、右护卫、楼船六镇,是为明郑兵镇组织的开始。当时隆武帝初亡,鲁王避兵海上,永历帝即位于粤西,东南沿海各地除了潮州府所属各县外,闽浙各邑多已被清军占领,沿海岛屿则有鲁王和郑芝龙残部郑彩、郑鸿逵的势力。郑成功一无所据,只能漂游于鼓浪屿等地。不过,因为有国姓和芝龙冢子的双重身份,郑成功借着就地招募、豪杰投效、兼并群雄和招降清军等方法,逐次扩充军队。军队既然增加,新的兵镇也就陆续设立。

郑成功在进入潮州发展以前所添增的兵镇,水师方面有水师一镇,陆师方面则有戎旗、援剿左、援剿右和左、右、中、前、后五冲锋等八镇,水陆合计共有九镇。顺治六年(1649年)十一月,郑成功进兵潮州,兼并土豪。顺治七年八月以后,郑彩、郑鸿逵、鲁王诸部相继归附郑成功。到了顺治八年十二月时,郑成功已经统一东南沿海的反清势力。这一连串的兼并、归附,自然使郑成功的军队增多,兵镇也随之增设。在此期间,新设的兵镇,水师有三、四、内司、前、后五镇和左、右、中、前、后五军,陆师则增设后劲、前锋、中权、北、援剿前、援剿后、护卫左、护卫右、护卫前等九镇。郑成功并新设五常、五兵营,即仁武、义武、礼武、智武、信武和正兵、奇兵、游兵、英兵、殿兵等十营,其中奇兵营因为战功被晋升为镇。前后不到两年半,郑军即增加了五军十五镇九营,发展速度之快,远非入潮州以前所能比拟。

自从郑联、郑彩、郑鸿逵诸部归附以后,郑成功不断进攻漳州、泉州、潮州地区,连败清将王邦俊、杨名皋、陈锦、金砺,攻陷漳浦、海澄等地,略地既多,得兵亦众,新的兵镇也陆续设立。郑成功除了擢升正兵、礼武二营为镇外,并增设右、中、前三提督及铁骑、神器、水师五镇三提督,同时增设二十八宿营。顺治九年(1652年)十月,郑军与清将金砺战于古县,损失惨重。十一月,郑成功遂令二十八宿营归镇,并废除亲丁镇。虽然如此，郑成功仍能重整旗鼓，于次年五月大败金砺于海澄。

郑成功以六镇兵力起兵南澳以后，经过七年多的努力，到郑清议和之前，已经发展到五军、三提督、三十三镇、七营的规模，成为东南沿海最大的反清势力。这些兵镇按照创设先后和性质，可以分为以下诸系统：

一、水师

（1）楼船镇（后来未再出现于史料，疑废）。

（2）以方位命名的兵镇系统：左、右、内司、前、后。

（3）以数目命名的兵镇系统：一、三、四、五。

（4）军系统：左、右、中、前、后。

二、陆师

（1）亲军系统诸镇：戎旗、亲丁（后废）。

（2）五镇系统诸镇：左先锋、右先锋、前锋、后劲、中权。

（3）冲锋系统诸镇：左、右、前、后、中。

（4）援剿系统诸镇：左、右、前、后。

（5）护卫系统诸镇：左、右、前。

（6）特种兵镇系统：北、铁骑、神器。

（7）五常系统镇营：礼武镇，仁武、义武、智武、信武等营。

（8）五兵系统镇营：正兵、奇兵镇，游兵、英兵、殿兵等营。

（9）提督系统：右、中、前。

由此可知，明郑兵镇成立的原则，可以归纳成三点。第一，水、陆师各有系统，尤其是陆师诸镇的名称，均非明朝旧制正式的名称，其出现的时间大半在郑成功入潮州发展之前。第二，诸系统兵镇，除了亲军和特种兵镇以外，均分为五，其成立先后，例按左右中前后，或左右前后中顺序，而其出现的时间大半在入潮州发展以后。第三，无论水、陆师，均以直辖镇为主，规模较镇大的军、提督和较小的直辖营，成立的时间均在郑彩、郑联归附之后。

以上三点，即代表郑清和议前明郑兵镇三个主要的演变，以下分别说明：

一、诸系统镇营名称。郑成功起兵之前，所任的官有宗人府宗正协理行在宗人府、御营御武副中军总统御营军务、招讨大将军等，也曾经以招讨大将军的名义镇守仙霞关，但典兵的时间不长，到郑芝龙撤回仙霞关守兵时即告中止。因此，郑成功对于明代官军兵制的了解不深。加上起兵时，辅佐者如陈辉、张进等人多为郑芝龙部将，所以起兵后兵镇的建置，例如左先锋、右先锋、亲军、冲锋、援剿、护卫等都是沿用郑芝龙时期的旧名。

顺治六年（1649年）入潮州以后，明郑的陆师，除了补设护卫系统诸镇，另外还增设特种、五常、五兵三系统诸镇营。特种兵镇一系，是为了特殊装备的部队而建立，在郑清和议以前所出现的三镇中，北、铁骑二镇均为骑兵部队，大多由清朝降兵组成。五常一系镇营的设立，与设在厦门的海路五大商，即仁、义、礼、智、信五大行有关。五常与特种两兵镇，虽然并非沿用明代旧称，但也不是沿袭郑芝龙时期旧名。五兵一系镇营中，正兵、游兵两营名称，曾经在明朝中叶时出现于闽南沿海，其余奇兵、英兵、殿兵三营名称，可能是明末闽南驻军常用的称谓，郑成功取之为镇营名称。

由此可见，明郑诸系统镇营的名称，其来源各有不同：入潮州发展之前，全用郑芝龙为海盗时的旧名。此后除补设护卫一系外，新设的特种、五常二系镇营名称，既非郑芝龙时期旧名，亦非明代旧称。而最晚成立的五兵一系镇营，则是沿用明代兵制中非正式的称呼了。

二、诸系统镇营的数目和顺序。明代军制自洪武十三年（1380年）开始，将大都督府分为五军都督府，其排列顺序最初为中、左、右、前、后，中叶以后，无论都督府本身所属各名号卫所，还是京营及其所属各个卫所，其排列顺序逐渐变成左、右、中、前、后，或左、右、前、后、中二式。至于同一名号未设足五镇者，则取二式中前四或前三个名称。郑成功志在匡复明室，在入潮州发展前，受客观环境的限制，不得不采用郑芝龙旧制。入潮州以后，为了号召反清人士，遂将已经设立而未满五镇的各系兵镇，水师依左、右、中、前、后，陆师按左、右、前、后、中顺序，陆续增设。到了顺治八年（1651年）十二月统一东南沿海反清势力时，水师五方位镇，陆师五镇系统均已满五镇，援剿有四镇，而护卫亦有三镇了。

三、直辖兵镇的规模。明代兵制，除了都司卫所以外，尚于天下冲要地方设立兵镇，由总兵、副总兵、参将、游击等将统兵镇守。嘉靖以前所设的兵镇，全国只有云南等十五处，嘉靖以后，天下渐乱，兵镇渐多，至崇祯时更多至不能胜记。在军事行政体系上，总兵除节制各分守参将之外，并有直辖的营。总兵之上，原无其他地方官管辖。明初，中央常派文臣监督，或称总督，或称巡抚，参军务者则加提督。其后，有总兵的地方亦设提督军务，渐夺总兵之权，总兵反而成为它的属下。

郑成功起兵时，采用明末通行的兵镇组织，将军队分为六镇。顺治七年（1650年）八月收复厦门后，为了联合东南沿海反清人士，郑成功仿照五军都督府旧制，以林察为左军元帅，鲁王部将周瑞、张名振、周鹤芝则遥授右、前、后军元帅，自为中军元帅，统辖诸镇。顺治八年，周瑞等相继来归，郑成功另外派遣张英为正中军元帅，遂使军成为水师的最大编制。陆师方面，郑成功于顺治九年三月，仿照明朝地方以提督统镇之制，建立右、中、前三提督，各统数镇，成为陆师的最大编制。此外，为了谋求发展，郑成功又设立五常、五兵等十个直辖营，作为成立新兵镇的准备。这类直辖营，在郑清和议之前，已经有礼武、正兵、奇兵三营晋升为镇了。

郑清和议之后，郑成功虽然没有派兵进攻清军防地，却分遣兵镇至漳泉等地征饷募兵，经过一年多的整补，郑成功的军事实力更加充实。顺治十一年（1654年）九月，郑成功准备充足，正式拒绝清廷的议和后，立即大举进攻漳泉各地。新的兵镇也随之陆续设立，包括护卫后镇及水武、火武二营。顺治十二年，又增设左、后二提督，而游兵、英兵、殿兵三营已升格为镇。顺治十四年，再设立护卫中镇及木武、金武、土武三营。顺治十六年，晋升义武、智武、木武三营为镇。旋复增设援剿中镇，而仁武营则升格为镇。至此时，明郑共增设了左、后二提督，护卫后、中、援剿中三镇，水武、火武、木武、金武、土武五营，晋升游兵、英兵、殿兵、仁武、义武、智武、木武七营为镇。此时增设的兵镇，除了补足各系统兵镇外，新系统的镇营，只有和设立于杭州的山路五大商，即金、木、水、火、土五大行有关的五行系统镇营。

以上所设的兵镇，只是持续和议以前兵镇发展的特色而已，至于和议以后到攻打南京前，明郑兵镇发展的特色则是亲军系统的急骤发展。明郑的亲军原有亲丁、戎旗二镇，顺治九年（1652年）十一月，郑成功废除亲丁镇，只剩下戎旗一镇作为他的私人卫队，这时候的亲军数量最少。郑清和议时，郑成功即有扩大亲军的计划，和议破裂后，扩大计划遂逐步实施。顺治十二年四月，郑成功先集结各镇精兵于戎旗镇。次年，又调派各处乡勇训练铳器，编入新成立的亲军右戎旗镇，而原有的戎旗镇则改称左戎旗镇。到了顺治十五年四月，郑成功参用明代禁军左右武骧卫旧名，将左右戎旗镇改称左右武骧镇，最后定名为左右武卫镇。此举对亲军实力的增强并无帮助，不过在军制递变上，则是抛弃郑芝龙旧制，改用明朝军制的另一里程碑。

戎旗镇改名前后，郑成功又取用明末虎头军旧名，成立左右虎卫镇，此即郑军中最精锐的铁人部队。至此时，明郑的亲军已经由一镇扩充到四镇了。亲军的扩充，表面上使郑军的兵镇制度更加接近明代原有的军事制度，以便号召中原豪杰。而实质上增加了铳器的右武卫和全身披挂铁甲的左右虎卫镇，使战斗力增强不少。顺治十六年（1659年）郑成功北伐时，即以原有水陆两用的部队和新增的铳器、铁人部队，大败清军于瓜洲，兵锋直抵南京城下。

综合以上所论，明郑兵镇在北伐以前的发展，以数量来说，由起兵时的水陆六镇开始逐次扩充，到北伐时已经有水师五军、十镇，陆师五提督、四十镇，以及精锐的左右武卫、虎卫等七十余镇的兵力。以兵镇名称及制度来说，明郑由原先沿用郑芝龙旧制逐渐改用明代制度，训练出一支既适合实际需要，又接近明代原有军事制度的部队。[①]

南京之役的失败，可说是郑成功起兵以来最大的挫折。单以随征的四提督和亲军四镇统领来说，即各损其二，其余诸镇官兵战死者亦复不少。此后，郑成功虽大败清将达素于金门海上，粉碎了清兵袭取金厦的企图，但是明郑的兵力已经不如北伐以前之盛了。

金门海战以后，郑成功鉴于历经数次大战急需保全军力，台湾民众又饱受荷兰人的欺压，于是衡察时势，决心收复台湾，作为反清复明的根据地。不过，诸将惮于台湾海峡的险恶，多有难色。收复台湾以后，郑成功为了开垦草芜，巩固反清复明基地，命令诸镇搬眷到台湾居住，然而部分留守金厦的将领安于现状，不乐东迁，又惮于郑成功用法严峻，果于诛杀，故常常乘机降清。郑经继立后不久，由于处理郑泰问题的失当，郑泰旧部及不

[①] 石万寿：《论郑成功北伐以前的兵镇》，载《幼狮学志》1973年第11卷第2期。

愿东迁的将领，也相继降清。

此一连串的失利，以及兵员一时无法补充，逼使郑成功、郑经父子不得不调整他们的兵镇组织。郑氏父子调整兵镇组织的原则，为精简军队编制，提高战斗能力，以弥补军力的不足。其方法有二：一为裁撤统辖数镇的提督和军系统，一为扩充亲军系统兵镇。

明郑的提督，原有左、右、中、前、后五个。北伐时，除了前提督黄廷留守金厦外，其余四个提督都从征南京。南京失利时，中提督甘辉、后提督万礼战死，左、右两提督所部损失惨重，补充不易，其他兵镇的损伤也不轻。郑成功遂从顺治十七年（1660年）二月开始，逐次将四个提督残存的官兵改编入其他兵镇，而右提督马信及左右协理姚国泰、黑云祥所统率的骑兵部队，也于同年四月改为亲军骁骑镇。至于仅存的前提督黄廷，于郑经嗣位时已经改任水师提督，陆师已无提督，等到黄廷降清后，水师提督亦告废弃，于是提督系统全部裁撤。

水师的军系统，原有中、左、右、前、后五个单位，中军张英于顺治十三年（1656年）十月升任总制五军戎政，随即兼制水师前军，等到南京之战张英阵亡后，未见复置中军的记载。左军辅明侯林察于金门海战之前受任总督水师，战后则不见踪影，左军之名亦未复见于史料，可能在此以后不久裁撤。右军周瑞，于顺治十二年五月被夺职，由户官洪旭继任。顺治十四年十月，洪旭为兵官，此职未补人，至金门海战前，才由周瑞复职，为水军先锋。及周瑞殉难后，此军又不见记载。水师前军，北伐时由张英兼管，张英阵亡后此职废置情形史无记录。不过在郑成功死后不久，已经由周全斌以五军都督兼管此军。水师后军由鲁王故将平夷侯周鹤芝掌管，江南之战时从征南京。此后见于诸史料者，只有康熙二年（1663年）八月周鹤芝子周家政投清一事，此军可能因为周家政的降清而解散。至此，水师五军只剩下周全斌兼管的前军一军而已，等到周全斌去职，前军亦告废弃，于是水师五军也全部被裁撤。

如前所言，郑成功、郑经父子裁撤提督、军系统的目的，在于补充其他兵镇的兵力，但因为军队损失过多，一时无法恢复北伐前的盛况。在郑成功死后不久，明郑非亲军系统的兵镇，只剩下五镇系统五镇、冲锋系统五镇、援剿系统四镇、宣毅系统三镇、五兵系统五镇和五常系统的信武一镇，总共二十三镇而已。

为了弥补军队数量的损失，郑氏父子将部分兵镇改变训练方式，编入亲军，以增加战斗力量。顺治十七年（1660年）四月，郑成功首先将右提督马信所统率的骑兵部队改为亲军骁骑镇。马信病死后，再分为骁骑左右镇，由马信属将姚国泰、刘国轩分别统领。郑经嗣立后，陆续将非亲军的火炮部队，即神机、神威二镇改入亲军，此外也成立了若干新的兵镇。在郑经入台平定郑袭之乱以前，就曾经仿照明代侍卫上直亲军之制成立侍卫镇；入台平乱以后，又仿照崇祯时代的勇卫营旧制，成立勇卫镇，此二镇在郑经时代的地位，高于左右武卫、虎卫，为最重要的两个兵镇。至于原有的左右武卫、虎卫四镇，不管镇将变易与否，其编制仍然继续维持，连同新成立的亲军诸镇，共有十镇。镇将的官阶例为都督同知，为明制武官的从一品，亦有高至左都督，即明制武官正一品者。

此外，还有护卫、亲随二镇，虽无亲军之名，却有亲军之实。护卫镇，本来是郑成功攻打台湾期间，收编荷兰人的奴隶——黑奴所组成的步枪部队。郑成功在收复台湾以后，即以黑人步枪兵为基础，加选诸镇将官之子入队练习步枪，仿照明末旧制，扩大成立护卫镇，以作为私人卫队及私邸仆役，这种情形到明郑灭亡时仍然存在。所以，康熙三年（1664年）安平镇的卫队，仅有护卫一镇而已。另一亲随镇为郑氏的侍从部队，后因许贞的投降遂告废除。

由以上所述可知，郑成功逝世后不久，明郑所属的兵镇，以数量论虽然不如北伐以前，但以战斗力论，则因亲军的增加及武器的改良，与北伐以前仍不相上下。郑经平定郑袭之乱后，留下护卫镇屯驻安平镇内，左右先锋镇驻扎于安平镇外，勇卫、侍卫、左武卫、左虎卫、右虎卫五镇防守承天府，殿兵镇、礼武营汛防柴头港，英兵镇、智武营汛防二赞行，左右武卫镇汛防大目降。其余各镇均分镇于各地屯田。各兵镇屯驻情况大略如下：

1. 承天府四周：侍卫镇、勇卫镇、左武卫镇、左虎卫镇、右虎卫镇。

2. 安平镇内：护卫镇。

3. 安平镇外：左先锋镇、右先锋镇。

4. 柴头港民社：殿兵镇、礼武营。

5. 大目降民社：左武卫镇、右武卫镇。

6. 二赞行：英兵镇、智武营。

7. 赤山屯兵处：援剿前镇、前卫镇、右冲镇。

8. 观音山屯兵处：左冲镇、仁武营、义武营。

9. 梅港尾：左武卫镇、右武卫镇。

10. 淡水：各镇兵营。

此外，还有驻守澎湖的兵镇。当时，郑经志在生聚教训，因此在军事上的配置仅限于自保而已。

当时因为清廷厉行海禁政策，台湾平民人数不多，尚不足以负担全部的生产事业，必须留下一部分兵镇以补充劳力的不足，可随时整装作战的兵镇不过十余镇而已。因此，三藩之乱时，郑经西征所能调动的兵镇，总人数还不到一万人，由此可见当时直接从事生产事业的兵镇数量之多。郑经抵达厦门之后，随即秘密派人至漳泉等处募兵，开设戎旗一、二、三、四、五等五个兵镇，并派兵进攻海澄、同安。到了康熙十三年（1674年）年底时，泉州、漳州、潮州三府相继归降，归顺的官兵甚多。对于这些来降官兵的处置，郑经除了配补左先锋镇、前锋镇外，也复置提督、五常、二十八宿等三系统的部分提督、镇营作为安插，包括左、右、前三提督，左先锋、前锋二镇，五常系统的仁武镇，二十八宿系统的亢宿、尾宿、女宿、奎宿四镇营，共有三提督七镇营之多。

康熙十四年（1675年），郑经派兵南征潮州属县，西定漳州黄芳度之变，略地渐广，得兵也多，于是明郑军中又恢复了后提督，重置援剿系统的援剿中镇，五常系统的信武镇，五行系统的火武、金武、土武、木武四镇，二十八宿系统的氐宿、井宿、牛宿三镇营等九个名号的镇营。同时，也新置新兵镇系统之一，即扬威系统的扬威后镇一镇。次年，郑氏再得惠州、汀州、兴化、邵武四府，清军及耿精忠军队投降者更多。郑氏对于这些降兵的安置，除填补原有诸镇空缺外，新置、复置的兵镇，陆师有提督系统的中、前二督，二十八宿系统的角宿、斗宿二镇营，果毅系统的果毅后镇，折冲系统的折冲中镇，五义系统的振义镇、奋义镇等二督六镇；水师则有水师一镇及楼船系统的楼船左镇二镇，是为郑经西征势力的顶峰。

康熙十六年（1677年），郑经败退回厦门。新归附的兵镇，仅吴淑等数将撤到厦门外，其余非战死即叛离而去，明郑所得的七府土地全部丧失。于是，郑经专事休养，与清军相安无事，军事布置也偏重于防御，新置、复置有房宿、箕宿、危宿、参宿等四个二十八宿系统镇营，扬威系统的左、前二镇，建威系统的中镇，五义系统的昭义镇，共八个陆师镇营，以及水师二、三、四、五、七、八等六镇，楼船系统的右、中二镇，共八个水师镇营。

从康熙十七年（1678年）二月郑经派遣中提督刘国轩、后提督吴淑率领诸军进攻漳泉等地，到康熙十九年二月郑经放弃金厦回归台湾，在这段时间中，新建有昴宿营、虚宿营、折冲左镇、英义镇、楼船前镇、建威左镇等六个镇营。即使郑军退回台湾以后，也相继出现了果毅左镇、右镇、中镇及建威后镇、龙骧左镇等五个新系统的兵镇，以及二十八宿系统的壁宿一镇。以所见而论，郑经复置及新建的兵镇可以归纳为以下几类：

一、水师

1. 数目系统兵镇：一、二、三、四、五、七、八。

2. 楼船系统兵镇：左、右、前、中。

二、陆师

1. 提督系统：中、左、右、前、后。

2. 亲军戎旗系统兵镇：一、二、三、四、五。

3. 果毅系统兵镇：左、右、后、中。

4. 建威系统兵镇：左、后、中。

5. 扬威系统兵镇：左、前、后。

6. 折冲系统兵镇：左、中。

7. 龙骧系统兵镇：左。

8. 五行系统镇营：火武、木武、金武、土武。

9. 五义系统镇营：振义、奋义、昭义、英义。

10. 二十八宿系统镇营：角、亢、氐、房、尾、箕、斗、牛、女、虚、危、壁、奎、昴、参等十五宿。

以上共五提督五十二镇营，以规模论，远远超过郑成功最盛的时候，但实质上，其组织、战斗力均不如北伐以前，兵镇的名号亦多权宜之制，大多不过是沿袭明代旧名。郑经回到台湾以后，纵情于声色逸乐，不复以国事为念，政权落入冯锡范之手，而元老宿旧陈永华、柯平、杨英等人相继去世，政治渐乱，于是，兵镇的整顿工作没有办法实施。①

---

① 石万寿：《论郑成功北伐以后的兵镇》，载《台湾文献》1973年第24卷第4期。

第三节 军事制度

一、军队编制

（一）五军戎政、五军戎务

明郑的军队编制，理论上最高的官职为五军戎政和五军戎务二职。五军戎政始见于顺治十二年（1655年）七月郑成功派遣洪旭、甘辉北伐时，不过该职并非明郑军队的最高指挥官，而是舟山驻军的首领。至于总制五军的任务，则由五军戎务一职承担。五军戎务设于顺治十三年十月，由右提督王秀奇出任，其职责在于总督各提督镇营，协助郑成功父子统率军队，是明郑军队中仅次于藩主的职位。五军戎务之下设有协理五军戎务一职，其职责主要是协助五军戎务处理军政，亦有统帅军队镇守地方之例。郑成功北伐失败以后，舟山丢失，五军戎务或者沿用旧称，或者改称五军戎政，抑或略称五军，无论名称如何改变，都为明郑军队中最高的职位。

（二）提督、军

五军戎政、五军戎务之下，地位最高者为左、右、前、后、中五个提督和五个军。提督的指挥部设置提督一人，左右协理各一人，正副旗鼓、领兵、坐营等参谋人员若干。提督为一军统帅，协理的职责当为副统帅。提督的直属部队，在原则上有左、右、前、后、中五镇，但实质上在郑经西征以前，出现的仅有左、右、中三镇及亲随营、神威营两个附属单位而已。郑经西征重建提督级部队后，提督的军力大肆扩充。尤其是刘国轩接任中提督以后，其所辖的单位不但有左、右、中三镇，还有前镇、后镇、亲随一镇，领兵、领旗、前锋、总理、左、前、中七协和骁翊、管炮等营。至于军的辖镇，与提督相同。

（三）亲军卫镇

提督以下为镇，镇可以分为亲军系统及非亲军系统两大类。最早的亲军卫镇为亲丁镇，建于顺治四年（1647年）十二月郑成功起兵南澳时，其所辖的下一级单位仅有前锋一营而已，存在的时间也不长，到顺治九年十一月全镇覆没后即告废除。亲军卫镇编制的建立，应当始于戎旗镇建立以后。戎旗镇设于顺治七年四月，在此之前所见的相关单位，为戎旗亲随中军。顺治十一年郑清和议失败以后，亲军发展相当迅速，北伐以前增至左右武卫、左右虎卫四镇，北伐以后发展更快，在郑经嗣位时已经有十二镇，郑经西征后增加更多，为明郑军队的主力所在。

亲军卫镇的编制，在卫镇指挥部方面，设立正副旗鼓、领兵、坐营中军各一人，各领参谋人员若干。在所辖单位方面，亲军卫镇所辖的下一级单位有二：一为协，一为营。协始见于顺治七年（1650年）四月戎旗镇建立时，有中、右二协。同年八月，增设前、后二协。顺治十二年四月戎旗镇改组后，正式编为五协。次年六月，新设右戎旗镇时即设立五协。协以下的单位，在改组以前，只见正总班一级；改组以后，每协设有五正领、十副领，副领以下有班长、冲锋官二职。协、正领、副领组成的指挥部组织，除了协部见到中军一职，余皆未见，可能因为人少事简而未设置，由主管全权负责。

戎旗镇的改组为亲军卫镇的编制建立了制度，之后所设的亲军卫镇，协、领大体仿照戎旗镇的组织，只有左右虎卫因为装备特殊，在建立时每镇只管四协，每协只管四正领、八副领，以后是否恢复为五协，则无史料可以稽查。亲军卫镇所辖的协，除了基本的五协外，常见的有领旗协，不常见的则有骁翊协，此协可能是由骁翊营改制而成。营为亲军卫镇的配属单位，常见的名称为领将的侍卫部队，即亲随、亲丁营，配属的火炮部队，即神机、火攻营,以及骁翊、随征营等,偶然出现的则有戎旗一、二、三营和殚忠营等。

(四)非亲军镇营

非亲军镇营,即亲军卫镇以外的部队,有五镇等系统的镇及五常等系统的镇营。其编制,在镇的一级,可以分为指挥部和管辖单位。镇的指挥部设有镇将一人,参谋部仍然分成旗鼓、领兵、坐营三个中军职。旗鼓的职责可能偏向传令、情报方面;领兵之职始设于顺治十二年(1655年)五月,掌理作战计划,既管临阵督战事宜,而有关个人奖惩也在掌管范围之内;坐营一职始设于明太祖时,掌管京营教练事宜,通常简选边将经战者担任,洪武以后所设兵营均有此职,为和平时期明军中最重要的参谋人员。郑成功初起时,曾经设立管兵中军一职,顺治八年以后,郑成功逐渐舍弃郑芝龙旧制,改明代官军制度,管兵中军也恢复坐营旧称,职责仍在训练士兵上,并不直接统兵。至于镇所辖的单位,除了偶尔出现的协之外,其余均设营,营有左、右、中、前锋、后、亲随营及配属的火攻营等单位。营以下为中军和左右翼,翼以下有司(正副总班都司)、哨(哨官)等职,另外配有炮兵人员,称管炮。此外,尚有红旗官等职,其职责因为史料缺乏,无法得知。

二、军官品阶

(一)衔

明郑的品阶有二:一为衔,如总兵、副将等;一为阶,即明代正式官制的五军都督府编制及武官散官。明代的兵制,正常的编制有总兵、副总兵(副将)、参将、游击将军、守备、把总等。地方组织则有都司,即都指挥使司,是各省最高军事负责人,与总兵等本属不同的军事体系,但相互关系非常密切,因此万历年间已经有总兵统属都司之例。郑成功起兵时处于兵荒马乱之际,一切措施仍然仿照郑芝龙为海盗时的旧制，在统一东南沿海反清势力以前所设置的兵镇，镇营二级的衔为镇将、副将；之后逐渐改用明制，例如新设立的戎旗镇，协将以下都以明制为新编制的衔，以提高军队的士气。镇将的衔自然是总兵官，例如"亲车武卫左镇署总兵官都督同知何义"，以后所设立的亲军卫镇率多仿此，所不同的是，正领兵改用游击，副领兵则改用都司衔。非亲军镇营以及提督、军统帅的衔，可能是提督衔，而提督辖镇及各系统独立镇，其镇将的衔为总兵，营及独立营的营将为副总兵，翼将为参将、游击，以下司哨则为都司、守备、把总等。至于各提督、卫镇、协营参谋人员的衔，约与下一级单位主管相同。

（二）阶

明郑的阶有二：一是以明朝五军都督府的官有员数资格为叙阶原则，一是以明朝武官散阶为基准。明朝五军都督府设有左右都督、都督同知、佥事等职，明末总兵数目日多，都督府官名渐成虚衔，成为笼络将领的法宝。明郑沿用此制，通常提督或亲军卫镇以上俱加左都督阶，五镇、冲锋、宣毅、援剿四系统兵镇及亲军大部分卫镇则加都督同知，而五兵、五行、五常诸系统兵镇，以及署理五镇等系统兵镇者均加都督佥事。至于以明代武官散阶为品阶者，仅见于墓碑志等处而已。此外，明代总兵有挂将军印之俗，郑氏兵镇亦沿用此俗，常有挂将军印之例。

三、军官任用

明郑军官任用有统领、总镇、署镇、管理等四类。总镇，即总兵镇；统领，当为总镇的荣誉名衔；署镇，为署理总兵官，意思是尚未真正任命总兵官以前的代理职；管理，可能是以他镇营将领管理另一镇官兵之职，为临时的职位。前三个职位，任用统领的有亲军勇卫、左锋右镇、前锋左镇、中冲锋镇、中权镇、宣毅左镇和水师等七个单位；署镇有援剿后镇、殿兵和游兵等三个单位，其余全为总镇。至于初任命时的官爵，依各人原任职位的高下有所不同，有低至翼将者，有担任协、营、独立营统帅者，也有担任军、提督者。高低虽有不同，以后的升黜全以功勋而定。

四、升迁惩罚

明郑的升迁惩罚制度与明朝相似，有功有劳则升，有过有失则罚。郑氏的军事编制为提督、卫镇、协营、翼领等，通常的升迁原则为下一级单位升任上一级单位，如翼将升协营将，协营将升卫镇将，卫镇将升提督，也有不按此原则升迁的。这种情形有两类：一是跳级升等，如翼级将领直升镇将者；一是同级升调。明郑的兵镇以亲军卫镇地位最高，亲军卫镇中又以勇卫、侍卫最高，左右武卫次之，左右虎卫又次之，因此亲军卫镇的升迁，当由低而高。非亲军兵镇，则以都督同知级的五镇系统最高，同级的冲锋、援剿、宣毅三系统次之，都督佥事级的五常、五行、五兵诸镇又次之，提督辖镇最下，升迁时由下而上，以至亲军卫镇。营级方面的升迁和镇级大致相同，由镇的属协营升任独立营，所不同的是独立营常常因为军功升格为镇，使得营将的地位随之提高。翼级以下的升迁法，缺乏史料。明郑军官的升迁，在郑成功时代，完全由藩主依照功劳、年资给予适当的安排，不过到了郑经末期，已经有幸臣启荐之事，政纲既坠，国运难维，终于在两年之后为施琅所灭。

至于惩罚方面，郑成功时代军令甚严，凡是违反军令，擅自还师者，重者褫职处斩，轻者降级改任。例如奉命镇守地方，未接到命令而委地弃守者，重者斩，轻者革职；临阵退却或通敌谋叛者，格杀勿论；与叛将有嫌隙者，则降职改任。但是郑成功执法并非全是大公无私，他常常因为个人喜怒而乱加赏罚，致使金厦守将抗命。郑经时代章法更乱，加以信任奸幸，致使威信不立，终至于灭亡。

五、军队的作战指挥、装备与操练

（一）作战指挥

明郑时期，尤其是郑成功时代，几乎完全处于战争状态中，作战指挥自然是郑氏最重要的一个部门。明郑的作战可以分为交战、征粮、镇守三方面。军队交战时，大多由郑成功亲任总指挥，另外派遣地位高的镇将统辖若干兵镇以为一方司令官，并有若干预备队。攻城时亦如此。不过，郑成功也有不能执行作战计划的时候，那时他即派遣大将为总督、副总督以统筹战争事宜，战争结束后即撤销该职。总督的设置仅限于战争时期，通常的巡视征粮，虽然有若干镇同行，但是仅由地位比较高的镇率领，最多设立正副提调而已。镇守时，除了郑成功北伐之际以前提督黄廷为居守外，仅派遣地位较高的镇将统领，并不设专职。一直到郑经西征时，才以陈永华为东宁总制，负责台湾留守事宜，郑经东归以后，此职即告撤销。

（二）装备

明郑部队的装备，一般是盔甲、藤牌、滚被、铳炮、刀斧等，亲军卫镇则有收编黑奴为兵的步枪部队，即护卫一镇，也有以铳器为主的右戎旗镇，以及全身披挂铁甲的铁人部队——左右虎卫镇。盔甲、铳炮、刀斧等装备为一般军队所常用，藤牌也较为常见，而滚被则为明郑部队所专用。滚被，即普通民家所用的棉被，和藤牌一起使用，有较好的效果。

海上舟船方面，明郑的各式兵舰大半使用福船，通称为"大船"。这种船原为戚继光进剿倭寇最有力的倚仗，也是明郑纵横海上、抗拒清军最有效的利器。除此之外，尚有哨船、鸟船、苍船、大熕船等。哨船、鸟船、苍船为福船的补助战舰；大熕船即炮艇，为明郑在海上的机动部队。火炮方面，明郑常向西洋各国购买新式大炮，聘请操炮技师。

（三）操练

明郑军队的主管官员，除了各单位参谋部的坐营外，还有专门负责操练的练勇营和总练使等职。但是因为郑成功特重操练，常常亲自教授，又有各级单位的坐营，所以总练使的地位不太重要。郑军的操练，主要采用郑成功所创立的五梅花操法，这种操法既通用于陆地，也适合于海上，尤其切合明郑所处的地理环境。五梅花操法的内容早已失传，现今所流传的，仅剩水师作战方法而已。《台湾外记》卷九载，康熙二十二年（1683年），施琅率领清军进攻澎湖时，吴英提议以五梅花操法对付郑军：

[施]琅曰："何谓五梅花？"[吴]英曰："彼船少，我舟多，以五船结一队，攻彼一只。其不结队者为游兵，或为奇兵，或为援兵，悉远驾观望，相机而应，则无成舣冲撞之患，又可以各尽其能，奋勇破敌。"

六、监察系统

监军是由中央派遣文武官员监督出征将领所设的职位，秦汉以来，各朝均设此职，但大半是临时派遣，罕有长期设置之例，更少有自成体系者。郑氏的部队也有监军一职，不过因为长期处于戎马倥偬之中，此职逐渐自成一个体系。明郑监军地位最高的，是顺治十二年（1655年）六月所设的总理监营，及其副手左右协理监营，其职责是同各提督统镇出征，凡有军机重务，必由报闻。各提督镇营也依据规模的大小，设有各种不同的监军官员：在卫镇中设有监军道及监纪官，协营以下亦有监营。他们不但要受总理监营的指挥，也要和镇营主管保持友好的关系。至于明郑监军的称呼，有武将出身的监军、监督、监营、督阵等，以及文人出身的监纪。

(一)武官监军、监督、监营、督阵

监军一职,始见于郑成功起兵时;监督,始见于明天启六年(1626年)郑芝龙为海寇时;督阵,设于顺治八年(1651年);监营则置于顺治十二年五月,以上均由军人出任。各职有时会加"大"字,地位比未加者高些,不过两者之间可能没有隶属关系。监军的主要职责是维持战场军纪,凡是临阵退却、骚扰百姓者,均会遭到严厉的处罚。其他临时的职务,还有征饷、出使、传令、调查等,绩优者可以调为带兵官。

监督的来源,除了收录降将外,常由镇将或营将转任。监督亦可转任镇、营将或重要军职,其衔、阶高下不等,例如挂印总兵、都督同知、都督佥事、副将等。理论上,监督的上级长官为总理监营,实际上则由藩主直辖,其在军中的常见职责为督阵与巡缉。此外,监督奉派担任的临时差遣工作亦多,包括特使、传令、招降、安抚等事。

监营位望次于监督,除了督阵等例行工作外,少见派遣执行单一特定任务者。其职掌固定,较少弹性,可能专门派遣到某一单位,也可能是位望尚不足以负责独当一面的专使任务,故以职司军风军纪为最主要职掌。

督阵与巡缉是明郑野战监察最重要的实务工作,大抵行军布阵尚未直接与敌方兵力接触时重巡缉,旨在维护军纪;攻城野战与敌周旋时重督阵,旨在激励士气,保证任务遂行,通常以武职的监督、监营率督战部队配属各战列部队执行。督阵官以监督、监营担任,对战场上不服从军令、临阵退却的副将以下官兵,予以惩处。与督阵相对的巡缉,主要纠察明郑军中的不法行为,维护军纪,尤其对扰民、害民事件特为留意,所以明郑初期军纪严整,实由于主帅的重视及执行巡缉任务的认真。

（二）文官监纪

监纪一职于明末军中常见，郑成功初起时，并未设立此职，到了顺治十二年（1655年），才以育胄、储贤二馆学生出任。大抵而言，明郑监纪的特色为：第一，监纪由育胄、储贤二馆诸生中选派，虽然有例外，但大多是为了招徕羁縻的需要，并非常例。其职位或为推官，或为通判不等。第二，监纪原则上派驻各镇级单位，随军行动。第三，其主要任务是纪录所派驻单位的功罪，按月汇整上报。第四，监纪与饷司初为二职，其后饷司裁撤，由监纪兼理粮饷。监纪因为本身即是府属官的临时派遣职，所以也多暂派临时任务，并非单纯监纪功罪、征发粮饷。这些差遣应是以府属官本职为之，监纪既然不在军中，自然应当称其本职方符体制。不过，明郑建制以军事为核心，生员甫出储贤、育胄二馆，任职以监纪为主，本职类如戴衔，与明制奏辟府属官为监纪稍有变化。监纪派驻各镇，颇受各级武官抵制，造成文武不合。因此，明郑往后行军镇守，多以武职的监督、监营等官专司风纪，临阵督战。监纪职掌至明郑末年，以督饷为主要职责，而查察严重违法犯纪事件，已经明令由监督负责。[①]

第四节 儒学教育与遗民文化

郑成功因为以儒生身份投笔从戎，所以较一般武将更能重视文教推展以及人才培育工作对国家命脉的影响，他认为一个国家的兴亡盛衰，系于知识分子的学问道德、胆识气节。因此，顺治十一年（1654年）驻守厦门时，郑成功就相当重视对忠义之气的

[①] 石万寿：《明郑的军事行政组织——明郑兵制研究之三》，载《台湾文献》1976年第26卷第4期、第27卷第1期；杨和之：《明郑监军制度考》，载《台湾文献》1992年第43卷第4期。

鼓倡和贤才的拔擢，并设立育胄及储贤两馆培植人才，例如柯平、洪初辟、阮旻锡等人，都是其中的佼佼者。次年二月，他又拔取具备科举功名者任官，例如陈宝钥、冯澄世、杨英等人，并且资助诸生远赴粤西参加永历政权所举办的科举考试，遂使岛上衣冠济济，颇有升平气象。

不仅如此，郑成功对于明朝宗室及避难遗老，更是尊崇有加。当时监国鲁王及宁靖王诸宗室避难至厦门，郑成功都礼赡优给，安排他们在金门居住，又礼待避难缙绅卢若腾、王忠孝、辜朝荐、徐孚远等人，给予日常生活费用，岁有常额，待以客礼，军国大事也常常向他们请教，并且尊称他们为老先生而不直接唤名。可惜的是，郑成功复台后来不及设教兴学，就在次年去世了。

郑经继立，将内政委任给陈永华。陈永华为南安诸生，深通儒术。康熙四年（1665年），各项建设渐次就绪，岁又大熟，国富民殷。八月，陈永华向郑经提议建文庙，立学校，以振文风，拔贤才。起初，郑经对此有所疑虑，他认为台湾新创，不但地方促狭，而且人民稀少，应该等到将来有成效时再来谈这件事。陈永华立即严词申辩，指明三点：一、逸居无教，何异禽兽，今幸民食兴足，自应速行教化；二、造就人才，庶国有贤士；三、举贤佐理，三十年生聚教训，固足与中原抗衡。由此可知，他的深远用意在于借由推行文教来教育子弟，安治社会，培育贤才，使人民能够知礼尚义，敦品励学，这样做有助于进兵中原，光复社稷。中华文化也借着陈氏之力大规模地在台湾传播开来。

陈永华的建议获得认可，郑经于是在承天府宁南坊卓仔埔鸠工兴建孔庙，旁建明伦堂。康熙五年（1666年）正月，文庙落成，郑经亲自率领文武百官举行释奠典礼，当时围绕泮宫观礼者多达数千人，雍雍穆穆，颇为壮观。三月，郑经再次创立学院，由陈永华主持，任叶亨为国子监助教，又置设国子司业以任其事，传授高等学术与儒家文化。除了在中央设学外，郑经复命令地方各里社建立学校，并延聘通儒来教育子弟，凡是人民年满八岁的都需要到小学就读，学习经史文章。政府在学校定时举行科考，以此选用文官：天兴、万年二州三年一试，州试有名的转移到府学，府试有名的转移到院学，再试以策论，合格的进入太学。每月考试一次，及格者给予廪膳。每三年举行一次大考，选拔其中更为优秀的，补任工科内部职缺。换句话说，学校与科举合一，想要仕进的人必须先入学，亦即是将大陆的科举制度在台湾建立起来。

郑氏对台湾的另一项贡献，是将中国学术传入当地。虽然在荷兰人侵占台湾的时候，已经有鄞县人沈斯庵来台从事教育，可是沈氏的活动是私人的，他的影响与成就也有限。相对地，郑氏是以政府的名义和力量来进行学术推广的，其影响与成就自不可同日而语。当时追随或因仰慕郑氏前后来台的学者文人，也对学术传播有所贡献，例如王忠孝、卢若腾、辜朝荐、李茂春、沈佺期、张士㮟、张瀛及其兄弟等人，而且这些人多是受到郑氏直接或间接的支持和鼓励的。[1]

明郑来台施政，起学宫、养老幼，实际上就是孟子所说的仁政王道之始。对于为政者来说，尊崇国内德学兼修的长老，是树立优良教化的首务，郑成功的养老亦即孟子善养天下之父的意义。他尊礼王忠孝等明朝遗臣，将他们视为上宾，无论是师之或友之，都是对孟子学说的实践。对于遗老们，郑成功大多以师礼事之，并非仅仅是友之而已。

在福建抗清时，郑成功就已经多方护持诸老，而诸老之所以愿意与郑成功一起东渡来台，也是因为他们抗拒"夷狄"心志相

---

[1] 杨云萍：《南明研究与台湾文化》，台北：台湾风物杂志社1993年版，第469—470页。

同，想要在台湾恢复与振兴华夏道统。郑成功确实能够谨守儒家分际，敬护诸老，未尝以臣下视之，诸老亦以儒门常道谨守德操，双双彰显出儒门志节的光辉。

台湾的儒学思想，因为南明诸儒而更加发扬光大，这也可以从台湾延平郡王祠从祀名单中看出，从祀者中有曾樱、徐孚远、王忠孝、沈光文、辜朝荐、沈佺期、陈永华等人。曾樱是东林党人，徐孚远在崇祯初年与陈子龙合创几社，用意在于让"绝学有再兴之几，而得知几其神之义也"①。几社在全盛时期，会艺之人超过百人，虽然这个社团创立的初衷是为了以文会友，但是它的经世思想色彩非常明显。

几社后来与其他社团合组复社，复社以张溥为首。张溥特重经学，他批评当世诗书之道有亏，廉耻之途壅塞，并且说："庶几尊遗经，砭俗学，俾盛明著作比隆三代，其在吾党乎？"② 复社成立时，张溥订立规条："自世教衰，士子不通经术，但剽耳绘目，几幸弋获于有司，登明堂不能致君，长郡邑不知泽民……期与四方多士共兴复古学，将使异日者务为有用，因名曰复社。"③可见复社既主尊经，也重经世。复社社员最多时达到二千二百五十五人，社员遍及全国各地。

浙东学派的儒者全祖望曾经为追随郑成功来台的徐孚远立过传，他指出徐氏原本是松江重经济之学的几社健将，在明季乱局之中，很想要有一番作为。但是因为清兵南下，败乱南明政局的马士英、阮大铖等人很厌恶几社君子，徐孚远遂杜门不出。等到

---

① 陈乃乾等：《徐闇公先生年谱》，见"台湾文献丛刊"第123种，台北：台湾银行1961年版。

② 吴伟业：《复社纪事》，见"台湾文献丛刊"第259种，台北：台湾银行1968年版。

③ 陆世仪：《复社纪略》，见"台湾文献丛刊"第259种，台北：台湾银行1968年版。

南明小朝廷奔亡浙闽之际，徐孚远也随之在浙闽海上漂泊。全祖望在《徐都御史传》中言及徐氏：

> 辛卯，从亡入闽。时岛上诸军尽隶延平，衣冠之避地者亦多。延平之少也，以肄业入南监，尝欲学诗于公。及闻公至，亲迎之。公以忠义为镞厉，延平听之，娓娓竟夕。凡有大事，咨而后行。
>
> 戊戌，滇中遣漳平伯周金汤间行至海上，晋诸勋爵，迁公左副都御史。是冬，随金汤入觐，失道入安南，安南国王要以臣礼，公大骂之。或曰且将以公为相，公愈骂，国王叹曰："此忠臣也！"厚资遣之，卒以完节还。公归，有《交行诗集》。明年，延平入白下，不克，寻入台湾。延平寻卒，公无复望，饬巾待尽，未几，卒于台湾。……及郑氏启疆，老成耆德之士皆以避地往归之。而公以江左社盟祭酒为之领袖，台人争从之游。公自叹曰："司马相如入夜郎教盛览，此平世之事也。而吾以亡国之大夫当之，伤何如矣！"至今台人语及公，辄加额曰："伟人也！"①

全祖望此传明白指出徐孚远于江左早就已经是学社文教领袖，深学厚德，望重士林，而且是郑成功的老师，深受南明敬重。可惜国家覆亡，一介儒士没有办法力挽已倒的狂澜，致使徐氏长怀孤臣孽子之痛，半生飘零于海隅，寄食台岛。即使如此，徐孚远也绝不更改忠义，而是以余年在台湾推行教化，直至身死，来终全自己的志节。

再如卢若腾，同安县金门人，崇祯十二年（1639年）进士。他一开始观政兵部时，即甘冒万死于殿前参劾悍将以及奸阉之

---

① 陈乃乾等：《徐闇公先生年谱》附录一。

罪，虽然崇祯帝能够接纳他的谏言，但是因为朝中有人厌恶他个性太过耿直，遂被迫下放为宁绍巡海道。卢若腾到了浙江，洁己爱民，兴利除弊，势豪屏迹，不敢胡作非为，他还荡平剧寇胡乘龙等，闾里因而晏安。等到清兵入关，天下荡然，江山崩塌，卢若腾用兵周旋于闽浙地区，他不但要以弱兵面对强势清兵作生死战，更需要应付南明小朝廷内大批奸党的迫害，可说是无日不奔亡蹈险，但他均能百折不回，无改其志。郑成功开府思明，招徕遗老，卢若腾前往，郑成功礼为上客，军国大事常常与他咨商。康熙三年（1664年），卢若腾搭船往台，到澎湖时疾病复发无法起身，临终前命人在自己的墓碑刻上"有明自许先生卢公之墓"等字样，郑经亲自临丧致悼，以礼卜葬于金门太武山南。

卢若腾抵抗强清，流离漂泊于海岛，他以田横五百志士事比况闽浙地区为了抗清而颠沛于岛陬的仁人志士，指出他们所求者即是义，也就是孟子所强调的仁义之首。在卢若腾心里，这些抗清之岛比田横之岛更富重大意义和价值期待的，是抗清义师有赖于这些岛屿生聚教训，准备光复华夏，这种雄图大志并非是田横及其党羽可以相比拟的。

此外还有先于郑成功、徐孚远、卢若腾来台的浙东儒者鄞县人沈光文。全祖望《沈太仆传》曰：

> 公居台三十余年，及见延平三世盛衰。……公得保天年于承平之后，海东文献，推为初祖。……呜呼！在公自以为不幸，不得早死，复见沧海之为桑田，而予则以为不幸中之有幸者。咸淳人物，盖天将留之以启穷徼之文明，故为强藩悍帅所不能害。且使公如蔡子英之在漠北，终依依故国，其死良足瞑目。然以子英之才，岂无述作，委弃于毡毳，亦未尝不深后人之痛惜。公之岿然不死，得以其集重见于世，为

台人破荒，其足稍慰虞渊之恨矣。①

全祖望推崇沈光文为台湾文献初祖，认为他的漂泊来台，实际上是上天赐给台湾的厚礼，台湾人民应当以他的居留、安息，作为台湾文明大启的象征。道光朝邓传安担任北路理番同知时，曾经于鹿港修建书院来教导地方士子，他特别以沈光文的字将书院署名为"文开书院"，理由为"太仆生平根柢于忠孝，而发奋乎文章"，并且"以海外文教肇自寓贤鄞县沈斯庵太仆光文字文开者，爰借其字定书院名，以志有开必先焉"。②

明季来台湾与郑成功共同拒清的儒士不在少数，沈光文、徐孚远、卢若腾等仅仅是其中的代表。连横曾经说过：

正气之存天壤也大矣。……明亡之季，大盗窃国，客帝移权，缙绅稽颡，若崩厥角。民彝荡尽，恬不知耻。而我延平郡王独伸大义于天下，开府思明，经略闽、粤，一时熊黑之士，不二心之臣，奔走疏附，争趋国难。虽北伐无绩，师沮金陵，而辟地东都，以绵明朔，谓非正气之存乎？吾闻延平入台后，士大夫之东渡者盖八百余人，而姓氏遗落，硕德无闻，此则史氏之罪也。承天之郊，有闲散石虎之墓者，不知何时人，亦不详其邑里，余以为明之遗民也。墓在法华寺畔，石碣尚存，而旧志不载。岩穴之士趋舍有时，若此类湮没而不彰者，悲乎！……余感沈、卢诸贤之不泯，而台湾之多隐君子也……《诗》曰："虽无老成人，尚有典型。"有

---

① 邓传安：《蠡测汇钞》附录全祖望《沈太仆传》，见"台湾文献丛刊"第9种，台北：台湾银行1958年版。

② 邓传安：《蠡测汇钞·文开书院从祀议示鹿仔港绅士》《新建鹿仔港文开书院记》。

以哉！①

连横指出沈光文、卢若腾等八百余名跟随郑成功东渡台湾的隐世君子，虽然旧志不载，名字大多为历史洪流所淹没，以致硕德无闻，但他们均是存延天地正气的熊罴勇士、岩穴高儒，不二心的忠臣烈士。明季因拒清而将正气播敷复振于台湾，开启台湾华夏文化之源的儒门君子实不在少数。他们虽然人数众多，却承袭了共同的文化血脉，也就是当时活跃于浙闽一带的浙东儒学。

在如上所述的文化意识背景下，陈永华立文庙、设学堂的意义才能被真切明白。在文化史论述中，凝聚一个群体，使他们产生共同的精神指涉与思想依归，甚至通过教育形成一定的共识，拥有共同的历史记忆和文化价值，是为文化统合。孔庙向来是儒家文化乃至教育系统的具体象征，郑经改动行政体制，最重要的文化意义在于彰显台湾奉明正朔，乃是真正的礼教之地。陈永华建立孔庙，对东宁王朝最大的意义，是将儒家文化思想深植于百姓心中，深远地影响了在这块土地上繁衍的后世子孙。随郑氏父子来台的官兵，除少数知识分子外，大部分出身于福建、广东的农渔民家庭。陈永华标举文化、兴办教育，基本上将东宁王朝从一个质朴无文的汉人农渔垦殖聚落群，逐步转变为一个具有共同群体意识、历史记忆的社会。建立文庙的动作背后，意涵着潜移默化的精神传承与思想灌输，凝聚了台湾百姓的集体民族意识，并延传久远。②

虽然自孔庙建成到郑氏降清不到二十年，但是台湾儒学教育的成效却十分显著，这不仅从康熙年间高拱乾、周元文所修《台

---

① 连横：《台湾通史》卷二十九，第 556—557 页。
② 廖彦博：《遗民与移民——明郑时期台湾文化史》，载《经典》2006 年第 91 期。

湾府志》的"进士年表""举人年表""贡生年表"所列名单中可以看出，也有其他事例可以佐证。康熙二十五年（1686年），第一任台厦道周昌在《详请开科考试文》中言："本道自履任后，窃见伪进生员犹勤藜火，俊秀子弟亦乐弦诵。"① 可见明郑教化成效显著，已经培养出许多可以应考的儒生，周昌才会在刚上任时就立即请求开科考试。明郑时代儒学以经学、经世之学为主，这与晚明、南明的时代精神有关，在朝政败坏、民族危亡等现实因素的刺激下，空谈心性的学风为之一扫。②

综而言之，明郑时期台湾的儒学教育与遗民文化，改变了明朝定程朱理学为官方哲学，不许有丝毫偏离的政策，把学习的主要内容从四书转向五经，并且允许师生对五经作自由理解和发挥。废弃了明朝严厉管束和限制师生的政策，将培养人才与经世致用结合起来，改革明朝的科举制度，以学校考试选拔人才。这个时期的教育主要有以下几个特点。

第一，重视经世实学的复振。郑成功的儒学思想充分体现了明末东林党人经世实学精神的复振，他的交往者、继承者也都具有这种精神。例如徐孚远因为朝纲不振，天下大乱，于是研习兵法，有救国利民之志，他曾经与陈子龙主编《皇明经世文编》，又改编刊行徐光启《农政全书》。这种精神，在跟随郑成功到台的儒者中都有明显的体现：沈光文在台湾以教民、行医为生；沈佺期在台湾以医为业，发扬中华医学；陈永华治理台湾，重视民生，振兴文教，培养人才，教育民众，为儒家实学精神在台湾的传播奠定基础。另外，郑经在台湾分配诸镇垦荒，寓兵于农，采

---

① 康熙《台湾府志》卷十。
② 潘朝阳：《明清台湾儒学论》，台北：学生书局2001年版，第170—182页；陈昭瑛：《儒学在台湾的移植与发展：从明郑至日据时代》，收入《儒家思想在现代东亚：总论篇》，台北："中央研究院"中国文哲研究所筹备处1998年版，第120—122、125页。

纳陈永华建文庙、立学校的建议,并以陈永华为院长,接纳洪旭文事、武备两者缺一不可的建议,命令各镇于农隙时教习武艺,春秋操练阵法,并檄各镇进入深山采办桅舵,修葺、兴造船舰,平时装载货物兴贩各国。他还颁布《大明中兴永历大统历》、铸造永历通宝钱币,安抚民心。从此,台湾社会安定,文教普及,经济繁荣。

第二,以诗文为载体的遗民思想。明郑时期台湾文学的特色约有两端:一是眷怀故国的民族情感和反抗异族侵略的民族精神,这种精神后来在日本殖民统治时期的诗文作品中得到发扬光大;一是对于台湾的热忱,描写台湾特殊的人文、风物、地理特色,于此中寓有不归之思。明郑时期,抗清复明的仁人志士聚集在郑成功的周围,满怀忠义之心从事抗清斗争,然而壮志难酬,只能以诗文来寄托遗民之思和亡国之痛。例如沈佺期、徐孚远、王忠孝、卢若腾、曹笼、陈士京等人居住在金厦一带海岛上,与明朝遗老、骚友墨客结社吟诗,推举徐孚远为首,时人称为"海上六君子"。他们的诗风传至台湾,受其影响,这一时期的台湾诗文亦表现出浓厚的遗民思想。郑成功的遗民忠义精神除了在《复台即东都》诗中体现得淋漓尽致外,还有《出师讨满夷,自瓜洲至金陵》:"缟素临江誓灭胡,雄师十万气吞吴。试看天堑投鞭渡,不信中原不姓朱。"郑经工诗赋,善弓马,嗣王在位十九年,虽然雄踞一方,但是终身自称世子,奉明正朔,诗中充满亡国之痛,例如《痛孝陵沦陷》:"故国河山在,孝陵秋草深。寒云自来去,遥望更伤心。"《满酋使来,有不登岸不易服之说,愤而赋之》:"王气中原尽,衣冠海外留。雄图终未已,日日整戈矛。"《悲中原未复》:"胡虏腥尘遍九州,忠臣义士怀悲愁。既无博浪子房击,须效中流祖逖舟。故国山河尽变色,旧京宫阙化成丘。复仇雪耻知何日,不斩楼兰誓不休。"在遗民诗中,流传最广的是明宁靖王朱术桂悲情的绝命诗:"艰辛避海外,总为几根发。

于今事毕矣，祖宗应容纳。"

第三，以传经为主的儒学教育。明郑儒学教育的重要特点，就是抛弃元明时期以朱熹《四书集注》为主要学习内容的科举模式，反对理学末流空谈心性、不切实际的学风，而是以五经为教材，提倡通经致用。明郑虽然退守台湾，但是力图恢复中原，为了替他们的大政方针寻求依据，也为了改变明朝空疏无用的学风，明郑转向学习儒家经学，讲求学以致用。当时国子监司业由叶后诏担任，叶后诏是厦门人，崇祯十七年（1644年）以明经贡入太学，后来渡海到台湾，以五经教授生员，著有《鹅草五经讲义》。国子监助教则由叶亨担任，叶亨是厦门储贤馆生员，为国子监的主要教师，亦以五经教授生员，著有《五经讲义》行世。叶后诏、叶亨以五经教导学生，国子监诸生对于经学各有专攻，一些生员在清廷统一台湾后参加科举，以通经高中。例如陈永华之子陈梦球于康熙三十三年（1694年）中进士，通《易经》；苏峨于康熙二十六年中举，习《易经》；包星灿于康熙二十六年中举，习《春秋》；王锡祺、杨阿捷于康熙五十年中举，均习《易经》。这些都是叶亨执教国子监时的学生，从他们习经的情况可见当时五经教学中以《易经》的传授最有成效。[①]

第五节　寓贤对台湾的影响

明朝遗民对台湾的影响，除了郑氏父子外，当以陈永华和沈光文两人的贡献最大，需要特别论述，以表彰他们的功绩。

---

① 陈名实、王炳庆：《郑成功、陈永华与台湾的儒学教育》，载《泉州师范学院学报》2007年第25卷第1期；陈昭瑛：《台湾与传统文化》，台北：台湾书店1999年版，第16—17页。

一、陈永华

陈永华之父陈鼎，祖籍漳州府龙溪县，曾经是该府的庠生，天启七年（1627年）考中举人，明清鼎革之后躬自耕稼，混迹缁黄。顺治五年（1648年），郑成功任命陈鼎为同安教谕，不久清兵至，城陷，陈鼎自缢于明伦堂。葬父不久，陈永华离开同安前往厦门，效命于郑氏的抗清阵营，郑成功以陈鼎殉难，视陈永华为忠烈后裔，将他收入储贤馆。顺治十三年，原兵部侍郎王忠孝荐举陈永华有经济之才，郑成功用为参军，此时陈永华在郑氏的藩幕中地位已经不低。他初次显露卓识是在议攻南京的论争上，当时吏官潘庚钟和工官冯澄世力主出征，中提督甘辉则持反对意见，陈永华支持潘、冯的意见，获得郑成功的采纳。当时为了攻取江南，需要派遣使者前往西南联络孙可望和李定国，后来选定的使者杨廷世，正是陈永华所荐。

在顺治十八年（1661年）正月讨论收复台湾的会议上，因当时荷兰久占台湾，强垒利兵，易守难攻，进攻台湾需要冒极大的风险，所以宣毅后镇吴豪极力反对，郑军中赞同他的占绝大多数。只有五军戎政杨朝栋力言台湾可取，建威伯马信主张审慎行事，先派兵试攻。陈永华认为攻台这种重大行动，不可以常识揣度，诸将行权守经的意见虽然都是出于忠心，却并非善策。在这种意见纷纭的情况下，陈永华支持郑成功自己做决断，并献上一番缓冲之论，安抚了绝大多数消极论者，再配合马信、杨朝栋的积极建议，使郑成功决定收复台湾。等到郑成功率兵平台，陈永华以参军辅佐世子郑经监守金厦，从此他逐渐负起行政大任。

郑成功去世后，台厦两地政局动荡，郑经把文职中最重要的咨议参军一职委于陈永华，寄为心腹。郑经在平定郑袭之乱时，兵至澎湖，本来有马上扬帆径过台湾的打算，由于陈永华的献议才改变策略，先给通知，观其反应，再定进止。这使得郑袭一方的核心组织缩小到只剩下身边的几位将领，郑经掌理台湾的计划遂迅速得以达成。

康熙三年（1664年）到十三年这十年，是陈永华业绩最盛的时期，他对台湾的贡献是永垂不朽的。他启拓台湾的实业，创办台湾的教育，整饬吏治，强固治安，使台湾保持了长期偏安的局面。

当时陈永华受命为咨议参军，康熙四年（1665年）八月，陈永华又兼任勇卫。勇卫是郑经最重要的两个亲军镇之一，陈永华职兼将相，地位和力量已超过常人，能够一展抱负。他先养再卫而后教，进一步发展远方贸易，透过了清人迁界的封锁线，与大陆沟通商务，为整个台湾的社会经济建立了稳固的基础，台湾由此获得全面的繁荣。发展按照层次，施行顾虑民力，其全盘政务的筹运，莫不以改进民生为前提。所以人民敬而不畏，愿受领导。

台湾经济在郑成功时代就已经有所发展，耕地面积增加，生产技术改进，人民生活水平有了提高。郑经继位后，陈永华主持台地政务，他全面贯彻执行郑成功的政策，台湾经济有了长足的进展。为了解决日益严重的军粮问题，陈永华继续实行屯田制，把土地分给各镇的士兵去耕种，使其丰衣足食，也为台地的稳定和开发提供了可靠的保证。为此，他曾经亲历南北二路各社，劝导诸镇开垦，栽种五谷。陈永华身体力行，亲自垦耕统领埔（今恒春），大大鼓舞了台湾军民的屯垦热情，在南至琅峤、北及鸡笼的广大区域内，都有拓荒者的足迹。为了保证农业丰收，他还组织兴修了猕衣潭、草潭、新园坡等二十多处水利设施，通过这一系列行之有效的政策，台湾粮食连年丰收，产量不断提高。

除了积极进行垦殖外，陈永华还从漳州、泉州及吕宋、日本等地运进大批牛羊猪鸡，教民饲养。他大力奖励制糖，派人从福建引入大批蔗苗，教民植蔗，每年将所制之糖贩运到日本、吕宋及大陆各地，可以获利数十万金。同时，陈永华还传授给工匠取土烧瓦的技术，又伐木斩竹，建造房屋与民休息。因此，官署、军队、民众的居地问题都获得了妥善的解决，这相当程度地改善了台湾人民的居住条件。台湾濒临大海，所产之盐苦涩难食，康熙四年（1665年），陈永华在天兴州的南部建立一处盐场，采用新的制盐方法，在地上筑设盐池，盐池内铺以碎砖，接引海水直至池中，等到发卤后，再泼而晒之，当天可成，其盐色白而咸，用力少而品质佳。政府则划地授民经营，特许自由买卖，仅课以轻微税赋。这种制盐的新法，不仅改善了盐质，而且提高了盐的产量，除了满足台湾民众的日常生活所需外，还积累了大量的财富。

基本的民生问题得到解决后，陈永华随即把精力集中到教育方面来。他在台湾建立第一所孔庙，并拟定考选人才的办法。他在台湾设立学校，推行科举，人民获得受教育的机会，读书风气日渐盛行，使得当时台湾学术、文化蔚为大观，教化大备。

其后，在洪旭的建议下，陈永华修武备，造船舰，既兼顾了台湾的防卫与建设，同时还替海上贸易打下很好的基础。由于屯垦事业的发展，粮食、蔗糖生产增多，但是此时台湾日常用品相当紧缺，又没有纺织人才，布帛售价甚昂。处于清廷严密海禁包围中的台湾，急需与外界交流，扩大物资来源。为了突破清廷的迁界令，陈永华向郑经建议收编镇海卫江胜的部众，驻屯于厦门，不得骚扰敌方，重建厦门基地，这个提议获得郑经赞同。其后，江胜至厦门搭盖房屋，开辟市场，与清朝边将交易，不扰百姓，只要沿海民众前来贩卖货物，均照价收购，妇孺无欺，使闽粤货物得以流通台湾，于是台湾物价平稳，洋贩愈兴。如此一来，台湾特产可以输出谋利，境内所需要的物资也可以借由贸易获得充分的供应，更可以用贸易所得的利润补助政府军政各项经费的开支。

在发展与大陆贸易的同时，陈永华还积极开拓海外市场。他利用自己的船队，直接将台湾的蔗糖等农产品大量出口到吕宋、暹罗、马六甲、英国等地，以换取郑氏紧缺的火药、武器等军用物资和生活用品。为了更好地促进对外贸易，陈永华以航海自由、通商自由、行动自由等优惠条件吸引诸国商船到台湾，且凡是与郑氏通商者，最初三年内可以免缴关税及其他捐税。陈氏的对外政策，繁荣了郑氏时代台湾的商业贸易，活跃了商品经济，加快了台湾的开发进程。

郑经出师西征前，以陈永华留守总制，台湾尽归陈永华掌握。他戢兵抚民，供给军需，具有成规，尤其是交知士类，为政佐以儒雅，东宁赖以乂安。当时郑经诸弟恃势占田，陈永华禁止无效，他为此建议郑经让郑克𡒉监国，遏止了蛮横的恶势。

郑经回师后，冯锡范争夺政权，设计解除了陈永华的兵权。陈永华退休后，生活虽然清闲自在，但他依然心系国政，又目睹郑经丧志，沉湎于饮宴游乐，已经丧失西征时的锐志，加上诸将因夺权而互相猜忌，让他更为忧郁不乐。不久陈永华身染风寒，去世前斋戒沐浴，然后入室拜祷，默告天地神明，愿以已身代替民命，乞求上苍保佑台民，祷毕，闭门静坐与世长辞。他一生为明郑奋斗不懈，最终壮志难伸，含恨九泉。[1]

二、沈光文

沈光文，字文开，号斯庵，万历四十年（1612年）生于浙江鄞县，为陆九渊门人沈焕后裔，家学渊源极为深厚，他又先后以黄道周、刘宗周为师，备受他们忠贞爱国精神之感召。甲申之变

---

[1] 莫光华：《台湾本土文化论集》，台北：南天书局2004年版，第21页；郑立勇、王尊旺：《近代台湾开发先驱者——陈永华》，载《江苏省社会主义学院学报》2003年第1期；向隅：《延平郡王的军师——陈永华》，载《艺文志》1984年第223期。

后，沈光文奉鲁王监国于绍兴，画江兵败，扈王不及，跟随陈士京入粤，走肇庆，累迁太仆寺卿。顺治八年（1651年），沈光文因为想要在泉州的海口定居，便挈眷泛舟，但是在经过围头洋时遭遇飓风，最后漂泊到台湾，当时荷兰已经侵占台湾达二十八年之久。

沈光文来台不久，就发生了汉人郭怀一所领导的抗荷事件。事平后，被株连的汉人极多，死伤惨烈，商民视来台为畏途，台湾生产锐减。加上郭怀一本来是郑芝龙的旧部，荷兰人担心正局促于沿海一带的郑成功会借此机会攻台，于是采取封海防郑的政策，而郑氏亦以反封锁应对，使得台湾的农业发展、贸易活动大受打击，物质生活极其艰困，沈光文当时生活的苦况可以想见。他餐风饭露、扫叶烹茶，以采薇首阳的叔夷伯齐自比，体现出忠于国家、贫贱不移的高节。

不仅物质生活贫乏，在精神领域，沈光文同样是寂寞的。一直到顺治十八年（1661年）郑成功驱荷复台，中原遗老相随而至，台湾文化才增添了一支生力军，沈光文也因为台湾的收复及同俦重逢而倍感振奋。当时跟随郑成功来台诸人中声名最著的是徐孚远，他与沈光文交情甚笃，二人时有吟哦唱和之作，并且都受到郑成功的礼遇。

郑经上台后，对于曾经谋复鲁王监国的诸位遗老不再礼遇，沈光文是其中之一。康熙三年（1664年），因为大陆沿海各岛不保，郑经决定撤兵渡台，明宗室宁靖王、泸溪王、巴东王、鲁王世子以及诸遗民如王忠孝、辜朝荐、沈佺期、李茂春等人均随行。抵台后，沈光文曾与诸老相过从，并且几度走访宁靖王，题诗以志之。但是郑经嗣位后，改变了许多延平时期的政治措施，军力也日益削减。沈光文忧虑国纲不振，于是为赋以讽，遂得罪当道，几至不测，乃变服为僧，逃入北鄙，结庐于罗汉门中，依傍目加溜湾而居，直到有人以好言替他向郑经解说，才被免罪。

经过这次打击，沈光文心绪大受影响，他隐入荒地濒水而居，在少数民族聚集地区教育生徒，传授汉学，同时悬壶济世以医药活人。中国传统文化由此在台湾的穷乡僻壤萌芽、滋长，这在台湾文化史上是一件意义极为重大的事。

康熙二十三年（1684年），清廷以东宁为台湾府，由季麒光担任诸罗县令。季氏颇重文教，与明郑遗老多有往来，更与沈光文结为莫逆之交。全祖望《沈太仆传》云："诸罗令李［季］麟［麒］光，贤者也，为之继肉继粟，旬日一候门下。时耆宿已少，而寓公渐集，乃与宛陵韩文琦、关中赵行可、无锡华衮、郑延桂、榕城林奕、丹［霞］吴蕖、轮山杨宗城、螺阳王际慧结社，所称福台新咏者也。"沈光文与清吏及寓公共组诗社"东吟社"，不只是单纯的文人吟咏酬唱，而是怀有与遗老互通声气、共抒怀抱并借以延续传统文化命脉的苦心。虽然东吟社最终在康熙二十五年因为清廷严厉查禁社学而终止活动，但是它对台湾诗学的发展具有推动作用，往后直到日本殖民统治时期台湾诗社活动蓬勃发展，沈光文等开创之功值得铭记。

沈光文于康熙二十七年（1688年）卒于诸罗，葬在该县善化里东堡，享年七十七岁。后代誉之为海东文献初祖，主要有四个原因：

其一，沈光文是较早居住于台湾的中原文士，为这荒野不文的海岛带来一道文明的曙光。

其二，设帐授学，教化少数民族。先后跟随郑成功及郑经来台的中原文士不乏贤才，但他们大多只是活动在汉人知识分子圈内。沈光文以教授汉学、化育少数民族为生，中原文化的种子，也就通过他的教学活动，更深彻地洒播在这片尚待开垦的土地上。

其三，著述流传，为台人破荒。沈光文所以对台湾文学有开创之功，并不只是因为他来台较早，或是他的著作侥幸不被焚毁，最重要的原因在于他坚贞刚毅的气节时时流露于文字中，受到当世文人的仰慕推崇。因此，在沈光文去世后，同里全祖望于乾隆初即恳托张湄使台之际，搜求他的遗著，遂有沈氏遗书的抄录。乾隆十年（1745年），又有同乡范咸在重修《台湾府志》时，竭力搜集沈光文旧稿。他的诗文作品，在当时评价极高，所以能不被时间汰除，不因兵火毁失。这些文学作品，遂成为台湾文学史上最具开创意义的著作，也是了解台湾的重要文献，往后撰述台湾方志者，都要以它们为参考。

其四，东吟社的创设，形成了台湾文学以诗为主流的特质。明末诗社林立，东吟社上承诗社抒情言志的精神，通过诗歌来表达家国之思，忧时之恸。其中，最具代表性的如复社、几社，莫不借着诗作来痛陈时事，互诉亡国之悲，努力振奋复明之志。沈光文在台湾时，以邀集清吏共组诗社为掩护，暗中将明末诗社的精神贯注其中，影响所及，使得往后清廷在台官吏如孙元衡、黄叔璥、夏之芳、张湄、范咸等，乃至于光绪年间的唐景崧，莫不极度仰慕东吟社遗风，以之奖励士子，想要沐化风雅于海外。诗社精神不仅对台湾文风的扢扬上有所帮助，更深深地影响了日本殖民统治时期的台湾文坛。当时，文人借着诗社组织，保有汉文，抒发悒闷，互通声气，这也是受沈光文早年结社的影响。

第六节　宗教与信仰

宗教是人民生活的重要部分，除了少数民族的泛灵信仰及荷兰人、西班牙人传入的天主教外，台湾其他宗教信仰都是由中国大陆传入的。在中国，道教比佛教更具有本土性，是纯粹由中国本土产生的宗教，与百姓生活的关系也更为密切。但从受众的角度看，道教在庶民阶层较流行，佛教则较为士大夫所接受。佛、道在明郑之时已经传入台湾，根据连横《台湾通史·关征志》整理的《郑氏征收杂税表》最后一条"僧道度牒：僧每名二两，道士五两，年征二百两"，由道士课税超过僧人，可以判断道士收入比较高，这也反映出道教对百姓日常生活的影响较大，例如台人丧礼惯请道士主持仪式。

郑成功十分善于利用信仰与仪式来凝聚人心，鼓舞士气。在北伐攻至镇江时，郑成功举行了盛大的祭礼仪式：

>十三日，泊金山祭天，诸舟环集，旗盖、袍服俱用红，望之如火。十四日，祭地及山河江海诸神，色俱黑，望之如墨。十五日，先以吉服祭太祖，次以缟服祭先帝，俱用白色，望之如雪。祭毕，大呼高皇者三，将士及诸军俱泣下。[①]

此次祭祀，连倚城遥观的清镇江知府也声泪俱下，唏嘘不已。郑成功也在此时写下他那首著名的七绝《出师讨满夷，自瓜洲至金陵》："缟素临江誓灭胡，雄师十万气吞吴。试看天堑投鞭渡，不信中原不姓朱。"诗中第一句便反映了祭祀情形与祭祀目的，第二句以下则反映了祭典所凝聚起来的士气。

在收复台湾时，郑成功同样也举行了祭典。发兵之前，他曾经祭天以决征台吉凶，发兵到澎湖后，则入娘妈宫祭拜，妈祖为闽台的海上保护神，祭拜妈祖有安定渡海士兵的作用。当在船上遥见鹿耳门时，郑成功更命令下属设立香案，冠带叩祝，祝文中有这么一段："苟将来尚有一线之脉，望皇天垂怜，列祖默佑，助我潮水，俾鹢首所向，可直入无碍，庶三军从容登岸。"后来，潮水果然加涨丈余，全军士气大振，顺利登岸。

[①] 计六奇：《明季南略》卷十一，见"台湾文献丛刊"第148种，台北：台湾银行1963年版。

第四章 明郑时期台湾的政军制度与社会教化

一般而言，明郑对民间道教不十分友善，《闽海纪要》记载郑经巡访台湾时，"所至，毁淫祠，崇正道"。郑经对天主教也有所抑制。康熙五年（1666年），也就是孔庙完工的这年，吕宋国王派遣巴礼僧来台，当时因为西班牙占有吕宋，所以吕宋的天主教颇为发达。使臣到后，郑经以礼待之，以柔远人，巴礼僧要求在台起院设教，陈永华力持不可，认为"巴礼原名化人，全用诈术阴谋人国，决不可许之设教"。郑经笑着对他说："彼能化人，本藩独能化彼。"于是，郑经"赐以衣冠，令巴礼僧去本俗服饰，穿戴进见，如违，枭首"。巴礼僧更衣入，行臣礼，郑经谕之："凡洋船到尔地交易，不许生端勒扰。年当纳船进贡，或舵或桅一，苟背约，立遣师问罪。""巴礼僧叩首唯唯，不敢提设教事，遣之归"。① 这段描写显示郑经也颇有乃父的魄力，并且把宗教问题转变为政治问题，使巴礼僧只能叩首唯唯。

虽然明郑对民间道教、天主教有所排斥，但是对佛教在台湾的传播颇有助长之功。郑成功本人对佛教十分友善，他曾经于安平的报恩寺盛设供帐，想要安顿两位前来议和的清使。他的好友隐元禅师则是当时东南佛教界的高僧，东渡日本之后，也对日本佛教产生很大的影响。

据说，隐元东渡日本，是乘坐郑成功的船只，而他的文集中有《赠郑国公》诗，便是赠送给郑成功的。诗云："南国忠贞士，威名彻古今。三朝天子佐，一片故人心。世变勋犹在，道存志可钦。虽然沧海隔，万里有知音。"《台湾外记》也记载了隐元曾经以谶纬之说解释郑成功的崛起："成功据金厦，震动滨海，有问黄檗寺隐元禅师曰：'成功是何星宿投胎？'元曰：'东海长鲸也。'再问：'何时得灭？'元曰：'归东即逝。'"这段描写提到黄檗寺，黄檗寺在福建福清，唐代贞元时建，道场盛极一时，但

---

① 江日昇：《台湾外记》卷六。

于元代荒废，到明代再度复兴。万历年间，隐元来住此山，中兴黄檗之道。东渡日本之后，他在京都建立黄檗山万佛寺，其开创的黄檗宗是日本禅宗三大派之一。在隐元的主持下，黄檗寺僧颇浸润于民族精神，对郑成功反清复明大业有所帮助。郑成功抗清，曾经乞师于日本，在致德川幕府书中有言："释辅儒宗，再见元公参黄檗。"此信中的"元公"指的就是隐元禅师，而"释辅儒宗"也说明福建黄檗寺一向有助于郑成功反清复明的儒家志业。①

可以说，明郑时期是台湾佛教史上的一个转折点。在此之前，由于没有大量的移民，因此也没有台湾佛寺的建立。顺治十八年（1661年），郑成功率领大量明末遗臣和民众来台，台湾开始有了佛教，也兴建起佛寺。郑经应该是第一个以官方身份在台湾创建佛寺者，例如弥陀寺传说即是郑经为了奉佛祈福而创建的。另外，台南开元寺的前身北园也是郑经创建的，北园创建时虽然不是佛寺，但在郑氏王朝倾覆不久后，就改为佛寺。康熙二十九年（1690年），总镇王化行和第二任台厦道王效宗二人，改建北园为海会寺。明郑的大臣也建立了一些佛寺，如某任州守曾在承天府内创建佛寺，而目前位于台南六甲的龙湖岩，则是陈永华所建。

随郑成功来台的明末遗民也大多倾心佛教，开始在台湾创建佛寺。例如龙溪举人李茂春避乱来台，朝夕诵经，人称"李菩萨"。沈光文因为写文章批评郑经，恐有不测，曾经逃入罗汉门结茅为僧。他们创建佛寺的目的，有的是为了纪念或奉祀死去的亲人，有的则是为了享受退隐生活。前者如万福庵，为郑成功部将阮季友之妻礼佛之地，寺中供奉阮季友牌位，又称阮夫人寺。后者如法华寺，原名梦蝶园，是李茂春退隐后所居的寓所。李茂

---

① 陈昭瑛：《台湾与传统文化》，第8—13页。

春逝世后，该寺先是改为准提庵，最后定名为法华寺。梦蝶园改建为准提庵的原因，与园主李茂春的佛教信仰有关，不过他不是一个纯粹的佛门居士，其思想也受道家影响，这从梦蝶园的名字即可看出。李茂春的皈佛，大约是出于一种避乱、隐逸的心理。

明郑时期的台湾佛教是种"名士佛教"，它是以沈光文、李茂春等反清流亡名士为中心建立起来的佛教，是一种介于出家僧人和在家贵族之间的佛教，也是一种介于法理佛教和庶民佛教之间的佛教。所谓法理佛教，可以理解为一种以深奥佛教哲理为基础的佛教。明郑时期的台湾名士佛教并没有这一特色，沈光文、李茂春等这一时期台湾佛教的创建者，不但不是佛教法理的专家，甚至对佛教的内部组织、生态也没有深入的认识，但他们所建立起来的台湾佛教，又和其后清朝由福建僧人直接传入的庶民佛教不同。因此，明郑时期的台湾名士佛教，是介于法理佛教和庶民佛教之间的，它对佛教的哲理、组织、生态虽然没有深入的认识、研究和贡献，但还不至于像后代的台湾佛教那样，陷入神佛不分的情况。明郑时期的台湾名士佛教还有另外三大特色：一、宗教与政治的牵扯不清；二、强烈的逃禅心态；三、浓郁的文学气质。[1]

明郑上层阶级首重祭天地、祭祖先等儒家式的祭祀仪式，郑成功本人尤其如此，他所说的"释辅儒宗"更说明了他是以儒为宗，站在儒家立场上的，但是他对佛教十分友善，对民间道教也不排斥，甚至颇为重视道教对一般军心的安定作用。郑经时期，则排斥道教、天主教而张扬佛教。[2] 然而，以经典传布儒家思想，仅能普及于有余钱有余闲的少数读书人，在一般民众间想要移风易俗，淡化移垦色彩，仍然需要借助官方革新政令与神道设教的

---

[1] 杨惠南：《明郑时期台湾"名士佛教"的特质分析》，载《台湾文献》2002年第53卷第3期。

[2] 陈昭瑛：《台湾与传统文化》，第15页。

力量。收复台湾初期，台湾社会犹染夷习，相沿侈靡，等威无则，亟须遣官敷教。康熙三年（1664年）郑经以蔡政为审理所正，巡访里内，所至毁淫祠，崇正道，定制度，别尊卑。次年，咨议参军陈永华严禁赌博，自是民悉向化。

尽管郑经时期明郑政权对于民间信仰不是很友善，但却无损于台湾庙宇的持续存在，因为神明信仰是台湾汉人移民的精神依托之一。移民渡海历经风涛之险，登岸后又要面对疾疫猛兽之害，为了获得精神安宁，就必须求助于自己熟悉的通俗信仰。荷兰殖民统治时期，即有漳泉移民先于广储东里兴建吴真人庙。吴真人或称保生大帝、大道公，属于乡土性神祇。其后，新建的吴真人庙日益增加，庙名或称保生大帝庙、大道公庙、真宫庙、开山宫、慈济宫，而西定坊、镇北坊、归仁北里旧社口、大目降庄、安平镇、土墼埕堡等地皆有。

真武庙（玄天上帝庙）的建立也颇为兴盛。宋代，真武之祀随着帝王崇信道教而兴盛。至明代，传说真武大帝阴佑明太祖开国，而明成祖靖难之役，真武神亦扮演了部分角色，因此明廷崇祀真武的隆盛，远非其他各神所能比拟。明郑奉明为正朔，对于真武大帝的祭祀，有着承继明室的政治意涵，因此在台湾广泛兴建真武庙。东安坊、镇北坊、永康里下乡仔甲、广储东里、仁和里下湾、崇德里及大目降庄等地之真武庙，皆为明郑时期建立。

除了吴真人庙、真武庙外，明郑时期所建庙宇还有：城隍庙在东安坊，关帝庙在镇北坊、西定坊口、土墼埕堡、安平镇、永康里许厝甲、保舍甲、新丰里、长兴里、善化里目加溜湾，马王庙在东安坊，圣公庙、田祖庙在广储西里、广大西里，五谷王庙在堡大西里，开山王庙在东安坊，玉皇太子宫在镇北坊、西定坊、土墼埕尾、长兴里，王公庙在长兴里，王宫在西定坊，观音庙在镇北坊、宁南坊、广储东里。

明郑时代台湾各类庙宇的数目，以真武庙居于首位，关帝庙居次，吴真人庙又次之。真武庙是明朝南京十庙之首，关帝庙亦于洪武二十七年（1394年）列入祀典，吴真人虽然没有被列入祀典，但却为闽南乡土神兼医药神。从真武庙与关帝庙的数目超过吴真人庙一事来看，明郑可能有意以此代替明朝两京的祀典，所以明郑崇祀真武神的意义，实与其奉永历正朔的精神相同。

此外，明郑时期台湾的寺庙祀神中，中国神祇接近九成，其性质可以分为庇护开垦与奖善罚恶两类，反映出祈求平安与丰收的心理。在中国神祇中，全国性神祇多达半数，如真武大帝、关帝、城隍等，正是社会日趋正常化的表征。[①]

[①] 徐雪霞：《明郑时期汉人在台湾的拓展》；赖永祥：《明郑时期台湾的开发梗概》，载《台湾风物》1961年第11卷第3期；蔡相辉：《明郑台湾之真武崇祀》，载《明史研究专刊》1980年第3期。

第五章
明郑时期台湾的土地开发与汉番关系

第一节　明中后期的商盗移民

明中叶以后,由于朝廷海禁政策的松弛,闽粤沿海民众来到台湾港口捕鱼,台湾的鸡笼、淡水、北港等港口才进入民众的视野,在这些港口中,尤为重要的是台湾南部的北港。最早是闽南渔民来到这里捕鱼,并且收购鹿肉运销漳州的月港,其后是福建商人将北港的鹿皮远销日本的平户和长崎。同时,月港商人到马尼拉贸易也经常路过北港,于是,北港成为福建商人对外贸易的中间站。

当时北港形势混乱,闽粤海盗也随之进入北港。嘉靖、万历年间,活动于闽粤之间的著名海盗林道乾和林凤都曾经到过台湾。当时台湾农业落后,所生产的粮食无法养活外来人口。因此，海盗在台湾无法久居，往往是一掠而去。①高拱乾《台湾府志》记载："嘉靖四十二年，流寇林道乾扰乱沿海，都督俞大猷征之，追及澎湖，道乾遁入台。大猷侦知港道纡回，水浅舟胶，不敢逼迫，留偏师驻澎岛，时哨鹿耳门外，徐俟其弊。道乾以台无居人，非久居所，恣杀土番，取膏血造舟，从安平镇二鲲身隙间，遁去占城。"由此可知，林道乾的巢穴是由鹿耳门进出，所以追捕的官兵才会在该处外围巡查探知消息。不过，由于此地拥有许多通往他处的水道，官兵虽然常常在鹿耳门外巡哨，但最终还是让他从安平二鲲身趁机逃到占城。另外，《诸罗县志》也曾经引用陈小厓《外纪》言："明海寇林道乾为俞都督大猷所追，穷窜台湾，势蹙。恐不能据，以酒食给诸番，醉而杀之，有阇社无噍类者。取血调灰以固船，乃航于遥海。大奎璧、劈破瓮（诸罗地）是其故穴。"

林道乾之后有名的剿除海盗战争，为总兵胡守仁追击林凤之役。万历二年（1574年）六月，胡守仁追捕林凤，要求渔民联合台湾民众合剿。十月，林凤逃往魍港，胡守仁又传谕台湾民众夹攻，放火焚烧贼船。来年，林凤进犯闽粤而留船于魍港以为窟宅。魍港在嘉靖末年以后会成为海盗巢穴，也是因为它的进出航路港道迂回，可以躲避官兵的追捕。魍港内海由魍港进出的水道为青峰阙（清风隙），这个名称的来源是因为魍港航道受到沙线影响，呈现东北西南向，对于冬季从大陆来台捕捞乌鱼的季节性移民而言，东北季风盛行时进入魍港水道，船只必须逆风而行，殊甚不易，所以进入魍港水道要趁着风隙。②

到了万历末期，从大陆迁居台湾的人数愈来愈多，福建巡抚

---

① 徐晓望：《论郑成功复台之际台湾的法律地位》，载《福建论坛》2012年第10期。

② 黄阿有：《颜思齐郑芝龙入垦台湾研究》，载《台湾文献》2003年第54卷第4期。

已开始处理台湾北港的民事案件，只是当时福建官府并未在北港设立行政机构，部分事件是由台湾北港的商人、海盗自行处理。当时福建沿海灾害频发，有不少人下海为盗，于是，台湾的海盗活动再次猖獗起来，这些人中最为著名的是袁进和李忠，他们的巢穴就在台湾。他们在这里驻扎了数千人的队伍，拥有数十艘海船，经常出掠台湾海峡的商船，并与明朝水师作战。袁进与李忠盘踞台湾至少八年以上，他们在此建立水寨，打猎捕鱼，甚至垦田种田。在袁进与李忠离开台湾后，北港成为商业港口，中国与日本的商人在此贸易。

当时台湾北港的海盗亦商亦盗，部分海盗是从商人转换过来，而海盗也有可能经商，或者与商人保持密切的关系。实际上，当时在台湾最有影响力的恰是侨居日本的同安人李旦，他是日本平户港华商的首领，长年派船到台湾北港做生意，台湾北港对日本贸易是他一手做大的。因此，李旦在台湾北港具有很大的势力，他甚至能够让台湾的海盗听他的话。郑芝龙移居日本平户后，在李旦手下做事多年。李旦身居高位，凡事不必亲临，应该会派遣郑芝龙等亲随代表自己从事与台湾的贸易，郑芝龙由此与台湾海盗有了关系。袁进被招安后，北港先是成为赴日走私商人汇聚的一个港口，而后这些商人之间相互争夺，又形成了新的海盗势力。郑芝龙有李旦当靠山，在这些势力中左右逢源，并在颜思齐死后成为台湾海盗头领[①]。

更详细地说，汉人以台湾作为长期商贸据点虽然始于李旦，但是让大规模移民安居台湾的是颜思齐，而具规模性的移垦实际上由郑芝龙在崇祯年间开始。当时台湾幅员广大，土地肥美且有渔盐之利，故受到各方海上势力的青睐。嘉靖、万历年间，汉人涉海移居台湾的人数更加众多，他们可以说是开拓台湾的无名英

---

① 徐晓望：《论郑成功复台之际台湾的法律地位》。

雄。其中，垦荒成绩最为显著且有名的，当属入垦诸罗山的颜思齐与郑芝龙二人。根据《续修台湾府志》记载："万历间，海寇颜思齐据有台湾，郑芝龙附之，寻弃去。"颜、郑等人以台湾为根据地，自北港向外发展，与日本、南洋通商，称雄海上。同时，他们还招募漳泉人士渡台垦荒，并且鼓励沿海渔民来往，自此以后，台湾有了较大规模的开拓。

天启四年（1624年）八月，颜思齐和郑芝龙等人率领船队在北港登陆。这些人中既有熟悉航海技术的水手，还有擅长农耕、经商和手工艺者，他们以诸罗山为基地开垦土地，并且设置寮寨，建立了巩固的滩头阵地。当时周边少数民族各社将他们视为来犯的外敌，纷纷出御。颜思齐有鉴于两族相争不是个好现象，遂派遣杨天生、陈衷纪二人与各社商谈，最后议定彼此边界，安居乐业，互不侵犯。其后，为了安抚各社，颜思齐的部属还分别对他们进行教习、演示，使他们逐渐掌握农业生产技术。

虽然致力于农业开发和渔业，但其余的日常生活必需品尚需向外求取，颜思齐等人便剽掠往来商船，并进行海上贸易，筹集岛上生产生活必需品和资金。期间，他们又在北港东南的平野上规划建筑井字形营寨，中区筑高台，东区设学堂，西区立天妃祠，南区为军营，北区建仓库，逐步形成城市的雏形。颜思齐将手下分为十寨，分别于笨港（北港与新港间）、鹿仔草（鹿草本村）、龟佛山（鹿草乡竹山村）、南势竹（朴子镇南竹里）、井水港（盐水镇井水里）、大坵田（布袋镇境内）、大小槺榔（朴子镇大乡、仁和等里）、龟仔港（朴子镇顺安里）、水虞厝（太保乡北新村）、土狮仔（六脚乡涂狮村）等地屯垦谋生。郑芝龙虽然年纪最小，但也是寨主之一。

由于颜思齐的鼓动和经营声势，加上台湾土地肥沃，气候宜人，福建沿海的漳州、泉州、兴化等府约三千人陆续来台，聚落

147

成村，从事农垦。在悉心筹划下，颜思齐命令这些人各逞才能，分工合作，编组集团，并授予他们农具、耕牛，遣发到各处拓土屯垦。当时台疆未辟，到处充满疠烟瘴气，满目荒芜，感染疫病者颇多，加上少数民族民众时常"出草"，猎取人头，让移民广受困扰，迭遭痛苦，但是他们仍然以共同开辟新天地的热诚，将荒地变为肥田，把森林拓为庐舍。

颜思齐死后，郑芝龙继任首领，他继续招揽福建沿海人民前来台湾开垦。正巧福建大闹饥荒，饥民听闻在台湾的郑芝龙有很多米粟，竞相前往投靠，让郑芝龙不但兵源充足，垦民也增加许多。此时，荷兰人虽然已经侵占台湾，但是由于他们的驻防人数只有两千余人，大陆移民却多达数万，荷兰殖民者无力治理全岛，因此安平、赤嵌两城以外之地，便成为郑芝龙的天下。

崇祯元年（1628年），郑芝龙归顺明廷。崇祯三年，福建再度大旱，饥民遍地，谷价腾贵，出现了大批游民，社会动荡不安。郑芝龙在福建巡抚熊文灿的支持下，招募福建沿海数万灾民，每人给予银三两，每三人给予牛一头，用船载运他们赴台垦殖，这是历史上首次大规模、有组织地由大陆向台湾移民的记载。当时汉族移民在北港溪与朴子溪之间，及二层行溪与曾文溪之间，从事开垦及制糖活动。此后，郑芝龙转而发展在大陆的势力，台湾逐渐为荷兰人所控制。在荷兰殖民统治时期，荷兰人也曾经招揽过大陆移民，加上原来移民的自然增殖，台湾汉族人口仍在持续增长，到了荷兰殖民统治末期，台湾交纳人头税者已经达到二万五千人。[1]

---

[1] 薛理禹：《明末清初移居台湾的大陆人》，载《寻根》2010年第2期；邱奕松：《郑芝龙与诸罗山》，载《台北文献》1982年第59、60期。

第二节 明郑时期的土地开发与生产发展

一、明郑官方垦辟

荷兰人侵占台湾后,为了发展产业,巩固他们的根据地,曾经奖励大陆沿海汉人移住开发。这些移住先民除了开拓赤嵌地方外,其余都沿着新港溪或二层行溪溯行,到达中洲或大目降社附近,以此作为开发中心地。荷兰人当时施行王田制,是为了方便专供合垦,他们以数十人为一组,组设组长,亦即所谓的大小结首制度,并且置备耕牛、农具、种子、肥料等生产用品贷给移垦汉人,又给予陂塘堤圳的开发费用,而按照土地面积来征收租金。① 不过,荷兰人的政策纯粹是商业性的,以能够取得贸易利益为主要目的,他们经营台湾,是看上此地的经济价值,希望以台湾为转口港,取得贸易上的便利,并没有开发台湾的意思,所以建设也就限于西南沿海一带的狭小地区。②

台湾真正大规模的建设,始于郑成功来台以后,他以远大的眼光和非凡的魄力从事各项建设,不但要求足,还要求富,不但要求自保,还要求强大。③ 郑成功复台的目的在于培养实力,以为反清复明的基地,并且要使随从的数万官兵、民眷获得安顿,因此,郑成功开拓台湾的第一件事,是屯垦台湾土地,特别是嘉南平原,也因为他的经营台湾才有今日成果。第二件事,是鼓励

---

① 卢嘉兴:《明郑时来台开拓的陈登昌与其后裔》,载《台南文化(新刊)》1980年第10期。
② 徐雪霞:《明郑时期汉人在台湾的拓展》。
③ 霍扬宗:《延平王二代对台湾经营之研究》,载《台北文献》1976年第38期。

大量大陆沿海民众移徙到台湾。虽然在荷兰殖民统治时期，闽粤籍汉人已经进入台岛，但是大规模的移民则在明郑时代。第三件事，是制定行政体制。郑成功复台后，将赤嵌城定为承天府，设置南北两路，北路天兴县、南路万年县，正式确立台湾的行政体制。第四件事，则是办学校。荷兰殖民统治时期，台湾教育以教会教育为主，明郑复台后在台湾推广中国教育，使之普及。①

在郑成功所发动抗清驱荷的历次大小战役中，最迫切且最困难的问题便是如何解决军队粮食，此由顺治六年（1649年）至十八年间郑氏四十多次赴闽浙粤沿岸地区征粮一事可以体认。因此，当何斌献策进取田园万顷、沃野千里、饷税数十万的台湾时，郑成功即矢志平克台湾，以为根本之地，安顿将领家眷，然后再东征西讨，不但没有内顾之忧，还可以生聚教训。而且郑成功在攻打台湾时，先在澎湖阻风乏粮，又在台湾城外掘食木子充饥，兵士嗷嗷。会陷入这种困境，是因为台地初辟，荷兰人奖励种蔗，导致余粮有限，郑成功寄望于金厦运输，又遭遇将领抗命。郑成功为彻底解决粮食问题，且安顿军队及其眷属，使他们安土重迁，不思离异，便毅然颁布屯田令谕，并对热兰遮城改进攻为围困，将拨出的各镇分派到各个汛地屯垦。郑成功所率领的攻台船队中，就已经携有很多的犁、种子和开垦所需要的其他物品，并且有从事耕种的劳工。在持续围攻的十个月内，很多劳工则不断耕种土地。②

顺治十八年（1661年）五月十八日，郑成功颁布文武官员、士兵以及百姓的开垦章程，其主旨为动员文武官员、兵弁、眷属等一切人力开发台湾，化荒烟蔓草为具有经济实力的匡复基地：

---

① 邱奕松：《明郑台湾开发之探讨》，载《史联杂志》1990年第17期。
② 徐雪霞：《明郑时期汉人在台湾的拓展》。

东都明京，开国立家，可为万世不拔基业。本藩已手辟草昧，与尔文武各官及各镇大小将领官兵家眷尽来胥宇，总必创建田宅等项，以遗子孙计。但一劳永逸，当以己力经营，不准混侵土民及百姓现耕物业。兹将条款开列于后，咸使遵依，如有违越，法在必究。着户官刻板颁行，特谕：

一、承天府安平镇，本藩暂建都于此，文武各官及总镇大小将领家眷暂住于此，随人多少圈地，永为世业，以佃以渔及经商取一时之利，但不许混圈土民及百姓现耕田地。

一、各处地方，或田或地，文武各官随意选择创置庄屋，尽其力量，永为世业，但不许纷争及混圈土民及百姓现耕田地。

一、本藩阅览形胜，建都之处，文武各官及总镇大小将领，设立衙门，亦准圈地创置庄屋，永为世业，但不许混圈土民及百姓现耕田地。

一、文武各官圈地之处，所有山林及陂池，具图来献，本藩薄定赋税，便属其人掌管，须自照管爱惜，不可斧斤不时，竭泽而渔，庶后来永享无疆之利。

一、各镇及大小将领官兵派拨汛地，准就彼处择地起盖房屋，开辟田地，尽其力量，永为世业，以佃以渔及经商，但不许混圈土民及百姓现耕田地。

一、各镇及大小将领派拨汛地，其处有山林陂池，具启报闻，本藩即行给赏，须自照管爱惜，不可斧斤不时，竭泽而渔，使后来永享无疆之利。

一、沿海各澳，除现在有网位、罟位，本藩委官征税外，其余分与文武各官及总镇大小将领前去照管，不许混取，候定赋税。

一、文武各官开垦田地，必先赴本藩报明亩数而后开垦，至于百姓必开亩数，报明承天府，方准开垦，如有先垦而后报，及少报而垦多者，察出定将田地没官，仍行从重处究。①

所下条款一共八项，有四个重点：一是圈地的限制。承天府安平镇为郑成功建都之地，文武百官及其家眷均暂住于此，随其家人多少圈划土地，并设衙门，文武官员可在各处地方随意选择土地，创置田庄，将领官兵亦准派拨汛地，永为世业，但皆不许混圈土地及百姓现耕田地，这点最受重视，其第一、二、三、五各项均一再叮咛。易言之，不论创制田庄、起盖房屋、开辟耕种，都必须以无主荒地为限，承认先来汉人及少数民族的土地既得权，这对收揽民心、安抚居民有极大的作用。二是山林陂地的保护。圈地及派拨汛地的山林陂池，必须详为备图具说报告，以便酌定赋税，而后才能享有所有权，但是对于林木池鱼必须自己照管爱惜，不可以斧斤不时，竭泽而渔，以保后来永享无疆之利，这一点规定在第四、六两项。三是垦地的稽查。文武百官开垦土地，必须先行向郑成功报明所欲开垦的面积后才准开垦，百姓则必须先行向承天府报明，不可以先垦后报以及少报多垦，否则将田地没官，从重究处。此为第八项规定。四为渔区的规定，即第七项。②

总而言之，台湾当时虽然多属尚未垦拓之地，但是已辟之地也不在少数，为了保护少数民族与先来汉人的权益，尤其为预防麾下以征服者心态强夺熟田，因此有限制圈地的准则，禁止新垦者混圈或强占民地。郑成功首先命令府尹查报田园册籍，承认先来汉人与少数民族的既垦权益，以安定其生活，同时为了防止滥占及有势者垄断土地，便规定凡是拥有垦地的人，必须具图先向藩主本人报明准许，核定赋税，以筹划财政。至于森林、渔业等

---

① 杨英：《从征实录》。
② 陈伟士：《郑成功及台湾先民的拓荒精神》，载《大学杂志》1976年第102期。

也与民生利害有重大关联，所以郑成功也进行山林陂池等天然资源的调查，特地叮嘱麾下照管爱惜，他的开拓准则是限制圈地、保护林木陂池、规定渔区及稽查垦地。① 郑氏视台湾为安身立命之所，所以在拓垦上有长远的计划，留其地以遗子孙，永为世业。

顺治十八年（1661年）十二月，郑成功遣发各个镇营归汛：左先锋镇屯扎北路新港仔（台南新港）、竹堑（新竹），援剿后镇、后卫镇、智武镇、英兵镇、虎卫右镇由大肚（台中大肚）移扎南社（南投仑背），中冲镇、义武镇、左冲镇、前卫镇、游兵镇等驻扎南路凤山（高雄凤山）、观音山（高雄仁武），并颁发文武官照原给六个月俸役银付之开垦。之后，郑成功率领何斌及骁骑镇马信等人巡视少数民族各社土地，由萧垄、麻豆、大目降、大武垅、他里雾、半线各处踏勘而回，预为屯垦之计。

次日，郑成功立即大会诸位提镇、参军议事，他对众人表示：大凡治家治国，以食为先。如果家中无食，即使亲如父子夫妇，也会失去家庭的和乐；如果国中无食，虽然有忠君爱国之士，也难以治理国家。现在上托皇天垂庇，下赖诸君之力，能够拥有这片土地，但是考虑到食用的人多，耕作的人少，一旦粮食匮乏，军队吃不饱，即使想要兴邦固国，恐怕也很难办到。所以自己才会亲自踏勘，考察情势，发现土地甚是肥沃，基于此，想要仿效寓兵于农的方法，希望能够饷食无缺，兵多粮足，然后再静观其变以进取。

右虎卫黄安问：为了开疆辟土，垂业万世，诸位将领自然会遵守命令，就是不知寓兵于农的具体做法是什么？

郑成功回答：古时候依照人数给予田地，按照田地收取赋税，到了商朝虽然改变为井田之制，仍然是九分取一的办法，兵民合一。秦朝废除井田制度，兵民才分开，人民负责转输，士兵

---

① 邱奕松：《明郑台湾开发之探讨》。

负责征战。后来汉、唐、宋、元连年战争，养了很多的军队，让筹饷者费尽心思。所以善为将者，不得不兴屯来解决兵饷问题，例如诸葛亮屯田斜谷，司马懿屯田淮南，姜维屯田汉中，杜预屯田襄阳，都是在两军对峙时，唯恐转运艰难，士兵饥饿，才会寓兵于农以防备敌人。至于元代分地立法，明太祖设卫安军，都是在天下已经平定，深恐无事时虚费物力，或是有事时缺乏粮食，才会以十分之七的人耕种，以十分之三的人当兵，寓农以散兵。现在台湾是开创之地，虽然僻处海滨，怎么敢忘战？暂时将兵卒散处各地，并不是为了安逸。草创地区，留下勇卫、侍卫两支军队防守安平镇、承天府两处，其余各镇，按镇分地，按地开垦。每天拨出十分之一的人防守，相连接应，轮流迭更，如此一来，没有闲丁，也没有逸民。插竹为社，斩茅为屋，圈养野牛教它学会犁田，让野无旷土，军有余粮。火兵没有贴田，如果是正丁出伍，可以贴田补入。乡村仍然称为"社"，不必更易，田亩还是称作"甲"，以便于耕种。一甲为三十一戈二尺五寸，一戈东西南北四至长一丈二尺五寸，现在依然以此为准则，给予三年开垦的期限，然后制定上、中、下则，照则收取赋税。但是在这三年内，收成者要拿出十分之三供作正用，农闲时训练军事，有事时武装作战，无事时负耒耕种，这就是寓兵于农的具体做法。①

郑成功逝世后，郑经继立，委政于陈永华，继续推行且扩大兵农合一的军屯措施。当时汉人渡台后多以台江内海为活动区域，并且溯航附近溪流，沿着溪畔作为开拓据点，渐进开发。依据《郑氏台湾军备图》来看，称为民社者是汉人的村落，当时汉人的村落北自新港溪以南，南迄后红民社（今高雄冈山）附近以北一带。因为新港溪北的新港社（今台南新市）当时称作"半番民"，即一部分汉民，一部分少数民族民众，故名"半番民"，且

---

① 江日昇：《台湾外记》卷五。

第五章　明郑时期台湾的土地开发与汉番关系

其北各社都称作"番社",即尚未开化的少数民族村社,可知汉人已开拓到新港社。而后红民社南边的哆吧思戎(今高雄桥头)称作"土社",系已渐次开化番社的称谓,其南边各社仍称作番社,就此可以明了明郑初期台岛开拓的范围。

康熙三年(1664年),郑经自金厦撤回台湾后,分配诸镇荒地,寓兵于农,以咨议参军陈永华掌勇卫。陈氏不辞劳苦,亲自巡历南北二路,镇抚少数民族各社,劝导分驻各地的诸镇士兵开垦栽种五谷,蓄积粮糗,凡在农隙时,务必教习武艺弓矢,春秋操演阵法。陈永华措置得宜,台湾的局面逐渐安定,为了繁荣台岛,他又招纳闽海被清廷遗弃于界外的数万游民来台,并由大户提供资金垦拓荒地。于是,台岛的开拓工作,除了继续督励扩充郑成功治台时采取的军旅屯田外,并将荷兰殖民统治时期所垦的王田收为官田放租,复由文武官员与有力人民协力,招徕佃户开拓荒地,再向佃户征收佃租,而以公课纳官,称为"文武官田",亦称作"私田"。除了一般贫苦百姓外,那个时候不愿意受清朝统治的沿海富豪大户,抛乡离井来台者也不少。[①]

明郑这一屯垦政策,完全由官方推动,府以下,天兴、万年二州官分兵屯田,凡是耕牛、种子、农具皆委任州官查给,粮仓等也都委托州官修理,这是明郑屯垦的特质之一。屯垦办法沿袭明代卫所屯田制,每一营镇所在地为一个自给自足的单位,军队人数的十分之七用于屯垦,十分之三用于作战,这是明郑屯垦的特质之二。在军队驻扎屯垦,眷属随行的情况下,出现以军屯地为中心延伸出的各式民垦田园,眷民定居繁衍,这是明郑屯垦的特质之三。

明郑军队屯垦之田称为"营盘田",从南到北分布于今屏东县(琅峤)、高雄市(凤山里、小竹里、大竹里、兴隆里、观音

[①] 卢嘉兴:《明郑时来台开拓的陈登昌与其后裔》。

里、半屏里、大目降里）、台南市（新化里、北里、外南里、西港仔堡、赤山堡）、嘉义县（果毅后堡、太子宫堡、铁线桥堡、盐水港、下茄苳堡、嘉义西堡）、云林县（沙连堡、斗尾龙岸社）、台中市（大肚中堡）、南投县（埔里社）、新竹县（竹堑社）、基隆市（和平岛）等地。不过极南与偏北地方只是零星分布而已，成片被开发的是以台南为中心，南至凤山，北至嘉义这一块地区。郑成功时期屯垦重点在凤山、观音山一带，郑经时期屯垦重点在盐水港、六甲、柳营一带。

从屯垦的效果来说，当郑经委政于陈永华时，台湾已经呈现戍守之兵衣食丰足的景象，并且能够提供郑经攻打清兵的军粮。郑氏开垦成效的明朗化是在康熙五年（1666年），陈永华于康熙四年建请郑经速建文庙，立学校，理由是开辟业已就绪，屯垦略有成法。自康熙五年起，台湾日盛，田畴市肆不让大陆。郑氏入台至垦成、安定，历时仅有五年，非常迅速地将中华农本经济在台湾推展开来。

明郑屯垦有成，应当归功于文武官员、兵弁及其眷属等一切人力的动员，对当时农耕技术尚不发达的台湾而言，的确只有依赖人力来扩张耕地面积。当时大规模的人口迁徙有两次，一次在顺治十八年（1661年），郑成功亲带水陆官兵并眷口计三万有余，为伍操戈者不满二万；一次在康熙三年（1664年），郑经带着官兵并眷口六七千，为伍操戈者不满四千。这两次庞大的举族移民，为台湾开垦由点拓为面提供了充足的人力，并培养了对新居本土的认同感。人力的另一来源是招纳流亡，顺治十八年八月，清廷颁布迁界令，想要断绝郑氏的经济命脉，结果导致闽浙粤沿海三十里内居民流离失所。郑成功于是授任黄安为右虎卫，招徕沿海居民不愿内徙者，一以实台地，二则增添开垦的劳力。此外，又迁徙罪犯、降人致力垦殖。

明郑官方推动的垦辟事业，以二十四里为中心，渐次向南北二路展开，其垦殖情形如下：

(一) 南路拓殖

承天府以南迄于琅峤称曰南路，其拓殖情形大概如次：

1. 高雄地区

(1) 路竹

①竹沪庄（今竹沪、顶寮两里一带），康熙三年（1664年），宁靖王朱术桂偕同臣僚跟随郑经自金门渡台，招佃拓垦此地，建立竹沪庄。

②营前、营后二庄，均为郑氏设屯之所。康熙十年（1671年），同安人刘二正入垦。

(2) 湖内

参军庄（今大湖里），康熙十年（1671年），陈永华开始垦拓长治里一带，建置参军庄。

(3) 永安

①三镇庄，是郑氏戎旗三镇屯垦之所，位于明郑的维新里。

②北领旗庄（今维新里一带），是郑氏侍卫领旗协屯垦之所。

(4) 弥陀

明郑时已经形成弥陀港。

(5) 冈山

①前锋（今前峰里）、后协（今后协里）、协和（今协和里）三庄，坐落于冈山西南端，均为明郑设置营镇屯垦之地。

②中冲庄，为郑氏中冲镇屯垦之所。

③嘉祥里，相传汉人移足开辟，约在今冈山及阿莲部分地区。

(6) 阿莲

冈山营（今冈山、峰山两里），坐落于大冈山西北端，是郑氏设营镇屯田之处。

(7) 燕巢

援剿中庄（今东燕、西燕、南燕三里）、援剿右庄（今安招里）、角宿庄（今角宿里部分）等处均为明郑时郑经派兵屯垦之处。

（8）仁武

①仁武庄（今仁武、文武二里），为明郑仁武镇屯垦所在。

②考潭庄（今拷潭里），由明郑屯弁张阿春入垦。

③湾仔内、新庄，顺治十八年（1661年），屯弁安溪人吴天来此开屯招佃。

④赤山仔庄，由明郑时屯弁安溪人林姓与龙溪人方姓招徕族人拓垦。

⑤大湾，为明郑时代开屯的地区。

⑥大社，原本是阿加社所在地，明郑时屯兵于此，其人退至东港田墘厝放索附近。

⑦竹仔门、后庄仔庄，是明郑屯弁同安人钱姓招佃开辟之处。

（9）大树

大树脚（今大树里）、小坪顶（今井脚、小坪、龙目三里），是明郑部将吴燕山招佃垦殖之处。

（10）凤山

龙溪人方姓与同安人钱某相继入垦于此。康熙七年（1668年），郑氏副将林某入垦，并兴筑凤山三镇埤。

①中权庄，为明郑中权镇屯垦之所。

②竹桥，是吸收自打狗各港迁入移民的地点，郑氏时代前镇有镇营，附近逐渐变成开化区。

（11）小港

凤山里，约有今高雄小港区全部及凤山区部分地方，相传为郑氏开屯招佃之所。

（12）楠梓

①后劲庄（今锦屏、王屏、稔田、金田、宏毅等里），为明郑设置后劲镇所在，由郭姓开屯招佃。

②右冲庄（今广昌、福昌、泰昌、兴昌、建昌等里），是明郑设置右冲镇之地，由郭姓屯弁开垦招佃。

（13）左营

①左营庄，为郑氏设宣毅左镇之地，同安人柯春行入垦六甲之后，开始移垦此地。

②旧城，坐落于埤仔头，此处原本由明郑设置万年县，后来改县为州，将县治设于此处，但未筑城。

（14）前镇

前镇庄，为郑氏中提督前镇设屯之所。

（15）三民

三块厝、五块厝，康熙三年（1664年）郑经派遣军队至此屯垦驻军，其中三块厝除了屯垦驻军在此开拓荒地外，尚有随军而来的王、蔡、郑三姓族人在此拓荒。王姓族人居住于三块厝庄东段，俗名"桥头"；蔡姓族人居住于三块厝庄南段，俗名"海墘"；郑姓族人居住于三块厝庄西北段，俗名"后角"。嗣后各姓子孙繁衍，且有他姓逐渐移入，聚成部落，故取名三块厝。

（16）旗津

明郑时逐渐发展成为旗后庄。

（17）林园

中坑庄，为明郑时设置中权镇之地。

（18）六龟、杉林、甲仙

楠梓仙溪东里，约包括今台南南化区一小部分，及今高雄六龟、杉林、甲仙三区全部，相传均开辟于明郑时期。

2. 屏东地区

（1）长治

德协庄（今复兴、仑上、德乐、德协、德成、德和等村），与郑氏屯田有关。

（2）林边

西势庄（今西势村），为明郑部将泉籍蒋姓、蔡姓两人，自茄藤港登陆开辟土地所建立。

（3）佳冬

茄藤港，是明末汉人船舶寄碇之处，附近为汉人移民所辟。

（4）枋寮

大向营（今大源村），与明郑屯田有关。

（5）车城

明郑时，郑成功派遣部分士兵经由海路在龟壁湾登陆，驻扎统领埔（今统领村）垦荒。当时有朱、柯、赵、黄诸姓屯弁与兵丁，垦辟统领埔、射寮、大树房、网纱诸庄，各处形成聚落。后建城郭，并以数十辆牛车散布于城外，以阻挠少数民族民众袭扰，故名"车城"。

保力庄，康熙二十一年（1682年），粤东客家移民杨、张、郑、古等姓，率领族人开拓车城东南荒地所建置。

（二）北路开发

北路则承天府以北，至鸡笼、淡水一带，地区较大，开辟之地亦较南路广阔，开发梗概如下：

1. 台南地区

（1）仁德

基于明郑时所设置的仁德里而命名。

①上中洲、下中洲、中洲（今中洲里中洲），明郑时以二层行溪南北两畔为开拓重点，该聚落位于二层行溪北畔。

②二赞行、二层行（今二行里二行），紧临二层行溪畔，是承天府赴南路必经之地。

③上港公、上港岗（今上仓里上仓仔），是屯民沿着二层行溪溯航红毛寮而开发的溪畔之地，为明郑时开拓此区一带的中

心地。

④陂头街（今牛稠里），是明郑时溯航二层行溪开发郡城南高阜崁下的据点，筑建陂仔头陂以利灌溉。原本在陂的附近聚居，所以称"陂头店"，后来逐渐集结繁盛而成街。

⑤山头社（今大甲里），为沿着二层行溪所开拓的据点。

⑥大甲社（今大甲里大甲），为开发二层行溪北畔的据点。后来因为附近各村庄住民渐次移徙此社，以是逐渐繁荣。

⑦一甲（今一甲里一甲）、太子庙（今太子里太子庙）等，明郑时屯民溯航新港溪进入鲫鱼潭畔开拓，在该潭东侧长兴里聚居。村落有一甲、太子庙、大湾诸村。

⑧郑宅，坐落于中洲，据传郑氏部将郑某居于此，兴建三落一百二十门住宅。后黄盛入垦于此。

（2）归仁

基于明郑时所设置的归仁里为庄名。

①大香洋（今大潭里大苓），明郑时颇为繁荣，曾经改称"大苓"，后来因为地理环境变迁，缺乏水利灌溉，成为贫瘠的沙质土地而逐渐衰落。

②角带围（今武东里刣猪厝），在崇德里红毛寮溪南畔。

③大人庙（今大庙里大人庙），该庙创建于明郑时，庙宇最是弘敞，是郡治以东庙宇规模最大者。

（3）关庙

①小香洋、香洋仔（今香洋里香洋仔），是明郑时屯民自台江内海溯航新港溪及其上游许宽溪，进入新丰里开拓的聚落。小香洋后来因为有水利建设，灌溉方便，逐渐发展起来。

②关帝庙（今山西里山西），是开拓小番洋时所建。

③关帝庙街（今关庙、山西、香洋三里），据传为明郑时开辟。

（4）左镇

左镇、草山二庄（今左镇里及草山里），是明郑时设置的侍卫左镇营兵屯垦之地。后永定籍简汉超来台入垦于此，简姓成为地方望族。此外，漳州人田雨龙与泉州欧、廖两姓先民也偕同开辟左镇、山上一带，并组织宏鸿会施药济世，帮助官兵维持地方治安，颇有功绩。

（5）新化

原为大目降社所在地，郑成功时期即驻军屯垦于此。明郑时为新化里，后漳浦南桥林内社人王团与简姓民众相继入垦此土。

洋仔（今丰荣里洋仔），明郑时因为大目降社位置近于承天府，而且河道交通便利，可以溯航至洋仔，所以有大批汉人涌进，经由洋仔进入大目降社开拓，大目降乃成为各社中最早被汉人同化者。

（6）永康

基于明郑时建立的永康里所命名。

①大湾庄（今大湾、东湾、南湾、西湾、北湾等五里），荷兰殖民统治时期即已开垦，明郑时期继续经营垦殖。

②王田庄（今王行里王田），为荷兰殖民统治时期所垦田地，明郑时仍然继续经营垦殖。

③大桥、大桥港（今网寮里土名大桥处）、小桥、小桥港（今网寮里土名小桥处），大桥、小桥两港是柴头港的分支港，后因失去港湾机能而衰废。

④花园（今盐行里顶大竹林西南端），为郑经及陈永华花园所在。

⑤莴松街（今莴松里莴松），原本是屯民经由台江溯航新港溪，于此溪南岩聚居开拓之所，后来因为是郡城赴北路要道而繁荣。

⑥洲仔、网寮（今四份仔嵌下），在鲫鱼潭西畔，屯民溯航新港溪进入鲫鱼潭从事渔业。两地为鲫鱼潭畔渔村，潭水改道南

流干涸后衰废。

⑦石头坑（今四份仔石头坑），明郑时屯民经由台江内海溯航石头坑所开拓，为郡治赴大目降庄必经之路，繁盛一时。

⑧洲仔尾（今盐行里洲仔尾），与鹿耳门、赤嵌、台员等鼎足，中夹台江形成四重地，为攻守必争据点。郑经曾经在此兴建别墅，为一时的军政中心，并在北端建立盐埕，曰"洲仔尾盐埕"。

（7）新市

荷兰侵占台湾后，一部分西拉雅人迁移此地附近形成新港社，为当时四大社之一。明郑时期屯民进入拓殖，改称为新港庄。

①大营（今大营里）、大社（今大社里）二庄，是明郑屯兵垦田的营盘地。

②三舍庄（今三舍里），明郑时陈泽海来台，其三弟陈亥入垦于此。

（8）山上

西拉雅人芋匏社故地。明郑时漳州人田雨龙与泉州欧、廖诸姓入垦此地，并且组织宏鸿会施药济世，帮助官府维持地方治安，颇有功绩。

北势洲（今明和里一部分）、山仔顶（今山上里）二庄，均为明郑时设镇开屯处所。

（9）玉井

西拉雅人噍吧哖社故地。

芒子芒（今三和里一部分），明郑时屯民开始入垦。

（10）善化

①基于明郑时所设立的善化里为庄名，原来是西拉雅的大武垄社。顺治十八年（1661年），漳浦人李报本入垦善化里。

②小新营（今小新里），是明郑时兵马屯田的营盘地。

163

(11) 安定

原为西拉雅目加溜湾社，沈光文进入此地传播中华文化，几达二十载之久，并陆续有人入垦。

(12) 西港

①西港仔（今西港里），是明郑部将甘辉兵马驻屯之处，有一座广安宫相传创建于明郑时代。同安琼林乡人蔡应科偕同其子等人入垦。

②后营庄（今后营、营西二里），郑氏在此设屯开垦。

(13) 佳里

原是西拉雅萧垄社（欧汪社）所在。

①佳兴里（今佳化、礼化、兴化三里），明郑时于此设立天兴县。

②上营（今营顶里）、下营（今顶廊、下廊里），明郑时曾经设镇屯垦此处。顺治十八年（1661年），泉州朋江人庄崇德与海澄人杨文科等跟随郑氏渡台入垦于此。后同安人许希典、海澄人杨文允等亦入垦此土。

(14) 麻豆

原为西拉雅麻豆社所在。

前班（今安正里），明郑时屯田驻兵于此，并先后有海澄人陈泽、漳州籍郭由饱、漳州籍黄庭柳、漳州籍谢达我等入垦。

(15) 官田

属于明郑时代开化里的一部分。郑成功收复台湾后，接收荷兰人原有"王田"改为官佃，所以称作"官田"，郑氏宗党及文武官员招募佃人开垦。如陈永华即招佃屯田于此。后有漳州籍冯登权入垦此地。

①参军庄，是陈永华屯田地区。

②二镇庄（今二镇里一部分），是明郑设置戎旗二镇之地。

③角秀庄（今二镇里一部分），即角宿庄之讹，是明郑角宿

部队屯垦区。

④中协（今官田里一部分），是明郑设置左先锋中协之地。庄内望族陈氏，相传是陈永华旁系后裔。

⑤官田庄，为郑氏官田所在，相传为陈姓一族所垦。

(16) 六甲

①林凤营（今林凤营车站附近），是郑氏参军林凤设营屯垦之地。顺治十八年（1661年），林凤率所部赴曾文溪北中社、龟仔港、大菁埔（中社、龟港、菁埔诸里）一带屯田，筚路蓝缕，辛苦经营，始立聚落。

②参军庄、五军营庄，是陈永华所辟之地。明郑时代有泉州籍柯春行入垦，后来又迁徙左营。

(17) 东山

康熙元年（1662年），明郑部将何替仔招漳民屯垦于斯西境一带。

(18) 柳营

①柳营（查亩营，今士林、光福、中埕、东升四里），为明郑屯垦之地。

②五军营庄（今重溪里），是明郑五军戎政所垦之地。

③果毅后庄（今果毅、神农二里），是明郑果毅后镇所垦之地。

(19) 下营

①茅港尾、梅港尾（今茅港里茅港尾），明郑时此地虽经开垦，但是尚未形成大村落。

②下营庄（今营前、下营、仁里、宅内、后街、新兴六里），是郑氏屯田驻扎之地，居民有陈、姜、沈、曾、洪诸姓。庄内北极殿祭祀玄天上帝，香火鼎盛。

③右武卫庄，是明郑时屯田驻军营盘地。有海澄青礁人颜世贤渡台入垦于此，子孙繁衍，成为当地望族。顺治十八年（1661

年），漳浦人冯仕通入垦。同年，龙溪籍姜亮入垦此处，并收养林日升为子嗣，其后合姜林为复姓，为当地大族。

④中营庄，为郑氏设镇屯田之处。

(20) 学甲

明郑时移来大批兵马垦拓荒地，开基立业，随着地方的开拓繁荣，文风兴起，学者纷纷设帐授业，学风愈盛，冠甲全岛，乃定地名为学甲。

中洲（今光明、白诸、东和、民吉、西进、光华、头港七里），顺治十八年（1661年），谢新凯自连江第八都曾家杨景乡渡台，同时还有晋江南门外白塔乡人丘国灿渡台，均入垦于此。同安籍陈一桂自银同碧湖跟随郑军来台，徙家中洲娶郑氏，繁衍成为大族。

(21) 盐水

该地是屯民在倒风内海沿海岸北部开拓的据点。

旧营庄（今旧营里及后宅里一部分），为郑氏设镇之处。康熙元年（1662年），郑成功部将何则善、范文童率部屯垦于八掌、急水两溪间的三角洲，胼手胝足，披荆斩棘，开拓良田千百亩，后来人口渐聚，形成村庄。尔后，北邻的井水港（今井水里）也成为移民的集中区，亦有漳州籍何光瀚与泉州籍何替仔等人入垦盐水港堡。

(22) 新营

①新营（今中政、民权等十二里）、后镇（今护镇里）二庄，明郑时于此设立镇营。

②太子宫（今南纸、太北、太南三里）、铁线桥（今铁线、姑爷二里）二堡，约今台南柳营、新营、盐水区各部分地区，均为郑氏部将何替仔开屯招佃处。

(23) 后壁

①上茄东、上茄冬（今嘉田、嘉民二里上茄苳），是汉人溯

航八掌溪开拓之地。

②下茄东、下茄冬、下加冬（今嘉苳里下茄苳），是明郑时屯民由倒风内海溯航急水溪开拓的据点。

③营尾庄（下茄冬早期地名）、本协庄（今乌树林庄），均为明郑时的屯田营盘地。永历末叶，有黄帐入垦于此。

(24) 白河

大排竹（今大竹里大排竹），是屯民于明郑时自倒风内海溯航急水溪所开拓的据点。

2. 嘉义地区

(1) 中埔

顺治十八年（1661年），明朝遗臣平和县人赖刚直被部署于诸罗山八掌溪仑仔顶（今和睦村）屯田开拓。

(2) 水上

康熙三年（1664年），游兵镇陈明驻扎于头港与大目降间，开拓荒地垦殖农作物。

(3) 鹿草

①鹿仔草庄（今鹿草、西井、鹿东三村），明郑时左武骧将军设立营镇屯田于此。

②山仔脚庄，跟随郑成功渡台的陈立勋，初为引路先锋，后来晋升总兵大元帅，以功赏赐田地屯垦于此。

(4) 义竹

①义竹围（今岸脚、六桂、仁里三村），为明郑开垦之处。

②后镇庄（今后镇村），是明郑屯田营盘之地。

③龙蛟潭（今龙蛟村），明郑开屯之所。

④下溪洲（今溪洲村），有奉祀广泽尊王的凤山宫，据传创建于明末，可知此地开发于明郑时。

(5) 东石

顺治十八年（1661年），惠安人柳樱跟随郑成功来台，其后

167

裔即到此开拓。

(6) 朴子

①大槺榔庄（今大乡、大葛二里），康熙四年（1665年），诏安仙塘荷仔埔社人徐远招佃开垦之地。

②朴仔脚庄（今安福等七里），康熙二十年（1681年），安溪人林马自半月庄迁移到安溪厝（今安福里）。

(7) 六脚

①六家佃庄（今六脚、六南二村），康熙三年（1664年），龙溪人陈士政与屯弁杨巷摘等，招佃农入垦。康熙八年，漳州人吴存、平和县人林虎入垦，后来移拓竹山，又复归原地续垦。

②竹仔脚（今竹地、永贤二村），顺治十四年（1657年），同安人陈德卿与龙溪人陈士政等开拓此地。

③林内庄（今古林村），康熙五年（1666年），郑氏部属同安人陈元、陈水池二人开垦于此。

④潭仔墘庄（今潭墘村），康熙六年（1667年），平和人林宽老与李达合力开垦于此。

⑤下双溪庄（今正义村下双溪），康熙十年（1671年），南安人刘传、侯完、侯成等招佃合垦此地。

⑥后崩山庄（今崩山村），康熙十三年（1674年），平和人林虎与漳浦人陈天楫等合垦于此。

⑦大涂师庄（今涂师村），康熙十六年（1677年），南安人魏善英与侯堪民等移居于此开发。

⑧蒜头庄（今蒜头、蒜东、蒜南三村），康熙十八年（1679年），南安人黄雄、陈巨郎等移民入垦，开辟荒地。

⑨溪墘厝庄（今溪厝村），康熙二十年（1681年），南安人侯定、侯住等招佃合垦于此。

⑩苏厝寮庄（今苏厝村），康熙二十年（1681年），南安人苏泽恩、姚承等移居于此垦荒。

⑪湾内庄（今湾南、湾北二村），康熙二十年（1681年），南安人陈意境、陈能意等移居此地拓垦若干田地。

⑫更寮庄（今更寮村更寮），康熙二十二年（1683年），龙溪人陈升、蔡振龙等开垦于虞朝溪（今朴子溪）北畔，建立部落。

(8) 太保

①北新庄（今北新村），明郑时陈亨入垦于此，同时还有郑氏部将叶近美率军屯田于北虞厝，并由泉州、漳州、莆田诸地招募移民参与垦殖行列，将虞朝溪（今朴子溪）南畔数千顷荒地拓辟成阡陌良田。后来屯田制取消，追随叶将军的军士皆留居于此，以义民名义继续从事垦殖。

②后潭庄（今后潭村），康熙十二年（1673年），漳浦人向妈穷所垦，相传附近数十里尽为开辟。

③茄苳脚庄（今春珠村茄苳脚），康熙十二年（1673年），同安人陈水源入垦于此。

④仓仔顶庄（今仓顶村），康熙十五年（1676年），平和人林一抵此开垦。

(9) 新港

旧南港，昔日笨港街的一部分，为明郑时所开拓。另顺治七年（1650年），泉州籍许友仪、许源兴、许盛森等人来此，开拓今南港村一带。

(10) 民雄

①双援庄（今平和村），明郑时屯田垦殖的营盘地。

②叶子寮，为郑氏屯弁薛姓所垦。

(11) 大林

漳州籍薛某避乱来台，屯田诸罗，开拓叶子寮（今三兴村）、崁脚诸邑。后裔薛果堂于斗六崁脚庄垦荒八百余甲，还开拓了大湖庄田地三百余甲，引鹿堀沟水，号为十股圳，灌溉附近水田五百余甲。

169

(12) 嘉义

嘉义西堡，约当今嘉义市全部及嘉义县水上、太保二乡各一部分地区，为明郑部将吴智武开屯之处。相传有屯弁翁、江、陈、王、赖诸姓招佃开辟，遂及全区。

3. 云林地区

(1) 斗南

①石龟溪庄（今石龟、石溪二里），为郑氏屯弁蔡、黄二姓招佃入垦所辟。

②阿陈庄（今阿丹里），郑氏部属阿陈者拓垦此地。

③林仔庄（今林子里），为明郑屯弁浦姓者所辟拓。

④他里雾街（今镇南），先是饶平人沈开雪入垦，后裔转垦今新竹湖口。后郑氏屯弁蔡姓入垦此地及埤头。另郑氏屯弁黄某跟随林杞入垦于此及埤头。

(2) 古坑

①崁头厝庄（今永光、永昌二村），漳州移民陈石龙招佃开拓。

②崁脚庄（今崁脚村），为郑氏屯弁薛姓所拓垦。

(3) 大埤

埤头庄（今大埤乡），明郑时陆丰人张赞文、应伍昆仲初居大埤头，后来移垦今新北泰山。另有郑氏部属蔡某二人入垦，后来移垦今屏东西势。

(4) 斗六

明郑时曾开屯于此。

(5) 仑背

明郑时曾屯垦于此。

(6) 北港

荷兰人侵占台湾之前，汉人即在此形成河口港聚落，为明代通商港口。明郑时，堡内多为其屯垦之所，且有陈立勋入垦

第五章 明郑时期台湾的土地开发与汉番关系

于此。

（7）水林

笨港，为明代大陆来台船舶辐辏之地，即今北港，有郑氏屯弁陈姓者至此开垦，以土间厝、水灿林二庄为中心设屯招佃，辟地及莺松庄一带。

（8）林内

林内庄（今长安、溪洲等十二里），明末为郑氏开屯区域，亦是郑氏部将郑萃兴溯航浊水溪而上开屯招佃的区域。

4. 中彰投地区

（1）竹山

①林圮埔（今竹山镇），肇始于明郑时。林圮是郑成功麾下部将，屡战有功，升为参军。郑经时，林圮率众沿着浊水溪溯行至水沙连开垦，后被当地少数民族民众杀害。其他人退至山后大小堀（今鹿谷乡永隆、凤凰二村），开屯于此，垦成后称林圮埔以缅怀。

②社寮、山脚、后埔仔三庄，明郑时由郑氏部将杜、赖二人率领屯丁开拓而成。另有漳浦人林超入垦于今竹山，其后裔移垦今南投市。康熙八年（1669年），平和人林虎自今嘉义移拓竹山，后来又移垦六脚（今嘉义县）。

（2）鹿谷

林圮部属至其东南方清水沟溪上源的大水堀台地屯垦。

（3）国姓埔

明郑时郑经剿讨北港溪上游大肚土番，刘国轩率兵参与此役，其驻兵之地称为国姓埔。

（4）彰化

顺治十八年（1661年），宜黄人邓显祖跟随郑成功来台，率军屯驻半线。后郑氏设屯招佃于此，相传刘国轩也曾经屯兵于此。城外的八卦山，有郑氏将佐葬所。

171

（5）鹿港

明郑时其地被作为船舶停泊及汉人移民登陆入垦中部的港口。

（6）大肚

明郑时为开屯之所。

（7）大甲

铁砧山，为郑经部将讨伐大甲土番叛变时驻屯之处。

（8）南屯

明郑时屯民至此开垦，郑经也曾经派遣刘国轩率军进扎于此。

5.桃竹苗地区

（1）苑里

明郑时已有屯民至此开垦。

（2）后龙

新港仔，为郑氏左先锋、援剿后镇、后冲镇、智武镇、英兵镇、虎卫右镇屯垦之区，此屯垦区延及竹堑一带。

（3）新竹

明郑末叶，同安人王世杰曾经担任运粮官，在一次战役中随军运饷立功，获准垦殖竹堑之埔，他首垦东门街、暗街仔附近。明郑灭亡后，他回到原籍，率领宗亲乡党百余人，再度到台湾新竹一带，垦殖滨海二十四处社地，并向南推进，又垦成十二处社地，俨然为一方之雄，是开发竹堑的始祖。

（4）芦竹

①南崁，郑氏开屯招佃即以南崁港为登陆地点，屯民足迹遍及南崁一带。

②营盘坑，郑氏曾派遣军队进驻，以有效控制此南北交通枢纽。相传此处五福宫创建于明郑时代。

6.北北基地区

明郑时代的屯田事业,南密北疏,所以当时这里的开垦区域,仅仅限于沿岸小部分地区。

（1）北投

北台湾的开发主要是为了军事布置的需要,例如唭哩岸（今石牌）至关渡一带的交通设施,有利于屯垦与防戍,后来颇蒙其利。

①唭哩岸,康熙二十年（1681年）,明郑北路总督何佑北戍鸡笼、淡水以备清军,当时有屯弁郑长随军由鹿港至淡水港,溯行淡水河而进入芝兰二堡（今北投）开屯招佃,垦辟了唭哩岸郊区及大直庄（今台北中山）一带。明郑末年,王锡祺抵达淡北,垦殖唭哩岸荒野,当时荒埔初辟,尚无官衙学校,王锡祺召集漳泉流民从事开辟,并兴建慈生宫,以为教戒之所。

②关渡,明郑时已经入垦此地,为台北盆地内汉人最早垦殖的地方。

（2）士林

相传明郑时期已经有汉人拓垦于此。明郑末叶,屯弁郑长招佃屯垦唭哩岸后,遍及芝兰一堡（今士林、内湖、中山、大直）及三堡（今淡水、三芝）。

（3）古亭

相传明郑时,已经有泉州籍周阿户（另说为周贤明昆仲）于东门外至松山一带垦殖。

（4）八里

明郑时已经开辟。

（5）淡水

康熙十四年（1675年）,郑经流放洪士昌兄弟并杨琅及其家眷等百余人于淡水、鸡笼。康熙二十年,明郑北路总督何佑至此守备,并以沪尾城为堡垒。当时明郑屯弁郑长也已经招佃屯垦于今淡水、三芝一带。

（6）基隆

康熙四年（1665年），传闻施琅等人准备攻打台湾，郑经集议力谋抵御，特命刘国轩率军一旅驻守于此。军事行动的推进，必定会带来交通、补给、开辟、抚番、屯驻等各方事项的开展，成为明郑时开辟台湾北部的先声。

（7）金山

国姓埔，为郑氏开屯招佃之所。

（8）万里

闽南籍人洪水阁招佃入垦于此。

（9）新庄

营盘，明郑屯兵之地。①

二、民间开发

除了官方推动外，台湾的开发还有许多是来自民间百姓。他们以现今台南附近区域为中心，逐渐由滨海地区，即二层行溪下游流域转向内地即中、上游流域。② 现依里加以分析：

（一）文贤、永宁、仁和、依仁里

1. 茄萣乡（今高雄茄萣）

薛氏，来台祖薛玉进原本居住于四鲲身（今台南南区龙冈里）。顺治十二年（1655年），薛玉进死，妻林一娘率领二子藏家、却来移居顶茄萣，定居于妈祖婆山下（今嘉赐里）。康熙十六年（1677年），却来迁居于下茄萣（今大定里）。其后，薛氏成为顶茄萣、下茄萣的大家族。

郭氏，原籍龙溪县二十八都郭棣社，来台祖郭胤昌居于台湾

---

① 邱奕松：《明郑台湾开发之探讨》；盛清沂：《明郑内政考略》；张守真：《明郑时期打狗史事初探》，载《高雄文献》1988年第32、33期。

② 吴遐功：《明郑时期二层行溪流域汉人之拓垦》，载《嘉南学报》2005年第31期。

街（今台南安平区延平街）。郑成功围困热兰遮城时避居茄苳，生鸾、凤二人，分居顶茄苳、下茄苳。今以下茄苳的嘉定、保安二里居为多。

白沙仑苏氏，原籍同安县十三都岩仔口岭下。康熙二年（1663年），苏氏兄弟来台移垦，居于此地。

曾氏，原籍同安县十八都仓头社。来台祖曾光明居于上仑仔，三子曾陈年幼时至顶茄苳帮佣，遂定居顶茄苳。后人曾光育于道光年间考中武举，财势极盛一时。今聚居于嘉安、嘉乐二里，为地方望族。

2. 湖内乡（今高雄湖内）

太爷苏氏，与白沙仑苏氏同出一系。苏氏来台祖苏全，明郑时官拜右虎卫左协，跟随郑氏来台。嗣后，其弟苏伍追随兄长来台垦殖，居于今之太爷，招募拓垦，成为当地大户。

叶厝甲叶氏，来台祖叶世暎，同安县白礁乡十九都积善里充龙社人，来台后居于文贤里，繁衍成族，成为文贤里的一甲，被称为"叶厝甲"。世暎生二子，长支佑后人迁居台北阳明山，次子圣则留居叶厝甲。

廊边庄的李、颜、刘三氏。廊边位于叶厝甲之西，李氏来台祖李天赐，同安县浯屿人，明郑时来台，居于月眉池。康熙二十年（1681年），他率领乡众兴建月眉池慈济宫，奉祀保生大帝，后人散居廊边、西势、海补顶李仔等地。颜氏亦浯屿人，居后浦，迁徙澎湖，应李天赐之邀入垦月眉池。其后月眉池庄废，移居廊边。刘氏为同安县白礁乡十九都积善里充龙社人，来台祖刘二正入居月眉池，生子灿、荫、爱三人。刘灿世居月眉池，庄废后居于廊边；刘荫之子刘敬卿移庄居赤嵌（今高雄市梓官区）；刘爱之子刘乞入垦蟯港内海沙洲地，为今海埔刘厝。以上三氏于明郑时均为宁靖王佃客，入清后始成地主。

围仔内庄林、吴、曾、许四氏。围仔内庄位于廊边之西，是文贤地区最大的庄落，为今湖内区公所所在。林氏为最大族，居庄中，吴氏次之，居庄南，曾、许二氏分居庄北。林氏祖籍同安县港头乡十八都后岭社，来台后入居湖内庄，不久移居月眉池庄，为宁靖王佃客，入清后始为地主。因为建立竹围自卫，所以称庄为"围仔内庄"。吴氏来台祖吴耀华，南安县江崎乡四十三都后茗社人，亦为宁靖王佃客，入清后始为地主。曾氏祖籍同安县十八都草子寮，与中洲曾氏同族，来台时间较中洲曾氏为晚，在郑经西征东归之后。许氏来台情形不详。

3. 仁德乡（今台南仁德）

龟仔廊、红花园、埔口等三庄。庄中大姓，龟仔廊为李氏，红花园为洪氏，埔口为刘氏。李氏祖籍同安县，明郑时奉令屯兵于此，后人遂在此落籍，子孙以善诉讼闻名。红花园，昔称"洪花园仔"，为洪姓先祖的花园，后人讹传音为"红花园仔"。埔口刘氏亦为同安县人，不过来台情形不详。

三甲仔，有吴、陈两大姓，来台历程无从查考。

保安村，昔称"车路墘"，以张氏为庄中大姓，其中一支祖籍同安县十七都清屿乡马家巷，明郑时随军来台；另一支祖籍海澄县六都江濑村，明郑时由竹仔港（今高雄弥陀）登陆，先到大甲，寻迁本庄定居。

二层行，庄中大姓王、吴、陈、李等，除了王氏于荷兰殖民统治时期来台外，其余诸姓，均于明郑时来此拓垦。

港崎头、大甲二庄。港崎头紧临二层行溪，昔日为河港，因为此地码头较陡，所以得名。二庄以许、辛、陈、张、王、吴等姓为主，除了许姓祖于荷兰殖民统治时期来台外，其余均在明郑时移入。其中，张氏祖籍海澄县，明末时由竹仔港登陆到此定居，后世子孙有一支迁徙车路墘。

4. 永宁、仁和里

湾里林氏，祖籍同安县鼎尾乡十八都积善里鸳湖保。明郑时，来台祖林泉偕同二位弟弟东渡入台，入居湾里拓垦，其弟二人分居半路竹、三甲，今为湾里最大氏族。

牛稠仔，有黄、郑、陈、林四氏。四氏中，以黄氏人数最多，林氏来台最早，郑氏最富，陈氏居末。黄氏祖籍南靖县。林氏原为同安县白礁乡人，明郑时随军来台，开拓于此。郑氏为漳浦县人，来台祖郑思明于明郑时期来台居此，以财势雄厚，成为庄中首富。陈氏为同安县巷厅人，明郑时为林氏佃客，人数不多。

十三甲，本庄以陈姓为主，曹、蔡、叶等姓次之。陈氏有两支，一支来自漳州府，另一支祖籍不可考，均是跟随郑氏来台。曹氏有两支，一支原居本地，祖籍同安县，另一支因山头仔废庄后迁入本庄，祖籍无从查考。两支均于明郑时来台拓垦。

废庄二甲，庄中大姓吴、林、陈氏，均为同安县人，明郑时期来此结庄，建庙奉祀上帝公。

5. 依仁里

上中洲，有曾、杨二氏。曾氏于荷兰殖民统治时期移垦此庄。杨氏为晋江县人，于明郑时来此移垦，居于庄北，为中洲四大地主之一。

下中洲，有张、叶二氏。张氏，海澄县六都洪濑庄人，来台祖张武，明郑时由竹仔港登陆，后来迁居至此，以经营糖廓致富。叶氏为同安县人，居于姓张仔西南，同样是大地主。

中洲以外各庄，相传于荷兰殖民统治时期入垦者，有上埤仔何氏、五帝庙王氏。何氏为南安县人。王氏为晋江县人，入垦红毛寮溪，结庄于溪畔，建庙祭祀赤天上帝，称"五帝庙"，所以庄名称为"五帝庙"。

(二) 仁德、归仁里

1. 仁德里

上仓村的上仓仔、下仓仔。上仓仔、下仓仔的曾、陈、林、刘四氏为庄中大族，其中于明郑时期来此拓垦者有上仑仔的林氏和下仑仔的曾、陈二氏。林氏为海澄县青礁乡三都社流田保人，来台祖不详，为庄中最大氏族。下仑仔曾氏是由上仑仔曾氏分居而来，为明郑时上、下港公民社的主要姓氏之一。同庄陈氏，祖籍南安县，明郑时来此拓垦。

后壁村的后壁厝、王赛巷。后壁厝于明郑时原为客家人移垦的村落，入清后，客家人为刘氏所逐，移居下淡水溪（今高屏溪）东岸。王赛巷位于后壁厝东北，来台祖王赛，龙溪县人，明郑时来此拓垦，招佃收租兼经商。

新佃村，居民有苏、谢二氏。苏氏原籍同安县，明郑时来台于此耕垦，后世子孙大多外移。谢氏来台时间较晚，并非是在明郑时期。

仁义村的钟厝、吴厝。钟厝的钟氏为同安县人，来台祖钟约德，约于明郑末期与王、黄等十二姓来台移垦。入清后，钟氏成为乡内大富，为十二姓之首。吴厝位于钟厝之东，吴氏也是同安县人，与钟氏同时东来，分居于此。

仁德村的崁脚、白仑仔、柯厝三庄，位于台南台地东缘。崁脚蔡氏祖籍晋江县石狮镇十七都大仑，移垦至此后，因为临近鲫鱼潭，乃兼捕鱼维持生计。白仑仔，昔为府城东往罗汉门必经之地，位于台南台地棱线上，所以又称为"崁顶"，有三大姓，庄北沈氏、庄南林氏均为同安县人，跟随郑氏军队来台。另有柯厝，柯氏为漳浦县人。

2. 归仁里

六甲村。六甲林氏祖籍海澄县青礁乡三都社流田保，来台祖林日畅与其弟赴此拓垦，招佃耕种，遂成为六甲庄的大地主。

潭墘与三块厝。潭墘，位于六甲东北半月潭边，居民以林、周二氏为主，均为同安县人。三块厝位于六甲西北，庄中陈氏祖籍龙溪县，庄中祀有开漳圣王陈元光。

后市村，有国公府、后市二庄。国公府翁氏，荷兰殖民统治时期已然入垦，庄中有祀奉吴真人的大道公庙，为归仁地区主庙，是明郑时期所建。后市庄有吴、谢、蔡三氏，均是在清中叶以后才来此拓垦。

辜厝村，位于后市村之南，有槟榔园、湾厝、崁仔下、崁仔头、辜厝，以及废庄石质墓、铜锣店等共七庄。在明郑时入垦的，有槟榔园的蔡氏、湾厝的郑氏、崁仔下与石质墓的陈氏、崁仔头的谢氏、辜厝的辜氏与刘氏，共有六氏。

（1）槟榔园蔡氏。蔡氏原籍海澄县，来台后为湾厝郑氏的佃农，居于月眉池北，因为居住的地方有很多槟榔树，所以称为"槟榔园"。

（2）湾厝郑氏。湾厝位于月眉池旁，以是得名。郑氏原籍南安县石井镇，为郑成功族人，跟随成功来台后居此庄，修筑月眉池灌溉邻近土地，遂成为大地主，后世分成三房，均富甲一方。

（3）崁仔下与石质墓陈氏。陈氏原籍长泰县溪尾社，来台后为郑氏及府城地主的佃农，原居于此庄东边的石质墓，同治中才移居至此。

（4）崁仔头谢氏。崁仔头在湾厝正面，小山崁之北。谢氏原籍同安县浯州屿，来台祖世英、世杰兄弟，于明郑时入台，为郑氏及府城地主的佃农。

（5）辜厝的辜、刘二氏。辜厝在湾厝西北。辜氏为泉州府人，刘氏为同安县人，二氏均为郑氏的佃农，其余不详。

许厝村，在辜厝东北，有顶许、下许及废庄罗厝三庄。顶许、下许为许氏族人聚居，顶许为南靖县马坪庄人，下许为南靖县石龟社人，均随郑氏东渡来台至此拓垦。罗厝以罗姓为主，多数外移，只知道他们的祖先来自漳州府。

看西村与看东村。看西村在许厝村东，明郑时期为旧社街西南的农田，尚未结庄。看东村在看西村东，是旧社街所在，等到

179

旧社没落后，居民四散，只有街西杨氏聚居独存，于是更易名称为"杨厝"。看东杨氏有两支，均为长泰县人，一支于荷兰殖民统治时期来台移垦，来台祖杨连行后来迁居新丰东势；另一支来台祖杨淳朴，于康熙七年（1668年）东来，入居旧社街。旧社街为荷兰殖民统治时期大员社徙居之地，明郑时，汉人东进拓垦，在此地与土番互市，成为府城正东郊外唯一的市集。

（三）永丰、崇德、新丰里

1. 永丰里

仑顶村内仑仔顶庄，庄中大姓有徐、黄、杨、吴、李五氏，其中徐、黄、杨三氏于明郑时来此拓垦结庄。徐氏居于庄中部，原籍长泰县横洋庄人。黄氏居于庄西南隅，修筑龙寒潭灌田，原籍南靖县水尾乡土窟社。杨氏居于庄东，原籍长泰县仁义里南版社后庵，来台祖杨如凤跟随郑氏军队来台，入垦仑仔顶。

沙仑村，昔为永丰里首善之区，有红毛寮等大庄。沙仑庄吴氏，原籍同安县。

2. 崇德里

武东村，因为庄中有上帝庙题"武当山"而得名。武东疑为武当的讹音，昔日有角带围、松仔脚、窝仔底、围仔内等四庄。

（1）角带围与松仔脚庄。角带围庄为上帝庙所在地，因为角带围是崇德里中入垦最早的村庄，所以俗称"开基厝"，又因为上帝公是刣猪之神，所以又讹称"刣猪厝"，庄民以刘、叶二姓为主。刘氏为同安县人，建庙时已经在此居住。叶氏分居角带围及松仔脚，为同安县白礁乡十九都积善里充龙社人，与文贤里叶厝甲叶氏同宗。

（2）窝仔底庄，位于角带围之北，昔日为府城东前往罗汉门的中路要衢，庄民有洪、辛二氏，洪氏由大潭移居入此，辛氏为同安县人。

（3）围仔内庄，位于本村西北隅，居民以蔡氏为主，原籍同安县，明郑时入垦。后来因为庄废，迁居中洲、太爷等地。

大潭村，今有大潭、林仔边二庄，另有废庄不少，明郑时的大香洋民社，又称"大苓社"，即属其一。

（1）大潭庄，位于二层行溪北，有黄、郑、林、谢、洪等氏，其中黄、林、洪三氏于明郑时来此拓垦。黄、林二氏是长泰县人，洪氏为同安县十三都贯口海墘社人，后世大多迁至今内门区草山。

（2）林仔边庄，庄中陈氏，长泰县善化里葵花社人，明郑时入垦，后世子孙大多迁入关庙、龙崎山区开垦，留居林仔边者不多。

3. 新丰里

东势庄，在小香洋民社东隅，有弱衣潭，今称"大潭"，庄民有江、方、杨、郭四氏，江氏是明郑时入垦者，来台祖江吉原籍龙溪县。

南花庄，在香洋东北，与北花合为花园村，庄民有卢氏两支，其中卢却一支于明郑时来此拓垦。卢却为长泰县人，来台后由布袋港登陆，入居赤崁街，寻迁旧社街。康熙十一年（1672年），卢却率领儿子守仁入垦此庄，以种菜、莳花为生，特别是种植中药红毛，所以称为"红花园"，简称"花园"。后世子孙繁盛，为庄中大族。

隙子口庄，在关帝庙南，庄中王氏祖籍安溪县，明郑时入垦。

过坑仔庄，在关帝庙北，有黄、李二氏。黄氏为晋江县人，居于庄东，李氏为龙溪县人，居于庄西，二氏均于明郑时来此拓垦。

（四）长治、维新、嘉祥里

1. 长治里

参军庄，据说是同安县籍的王参军屯田之地。

湖内庄，在参军庄西南，有郑、叶、王三氏，均为同安县人，于明郑时来此拓垦，郑氏居庄西，叶氏居庄中，王氏则居庄东。其后叶氏分居文贤里叶厝甲，郑氏则散居海埔。

竹沪庄，为宁靖王招佃开垦之所，庄中主庙是奉祀宁靖王的华山殿，庄民有黄、蔡、刘、吴、林、王、周、庄、唐等氏，均为跟随宁靖王来此拓垦的佃户，原籍不详，有一说他们是浙江籍人氏，并非漳、泉二府人氏。

甲南、甲北村，有一甲、营前二庄及废庄营后、营仔埔、三甲、前窝等庄。一甲昔称"康蓬林"，庄民有王、谢、李三氏。王氏祖籍同安县白礁乡二十都白昆龙保乡上巷祠堂边，来台祖王文医。谢氏来台祖谢致侃为莆田县人，康熙二年（1663年）迁台。李氏来台祖李龙珠为同安县西边灌下山边人，康熙十八年入垦。

2. 维新里

大社，原名"交力坪"，是大杰巅社所在地。当地苏氏来台祖苏全，同安县十三都岩仔口岭下人，明郑时担任右虎卫左协，于社南招佃拓垦，所修筑的陂称为"苏左协陂"。生三子，长、次子外移，三子瑞斋留居大社，成为大族。

社东，在三镇，有三镇陂，明郑时为戎旗三镇的垦地。当地马氏为惠安县人，随郑军来此拓垦，入清后渐成大族。

路竹，林氏来台祖为同安县鼎尾乡十八都积善里鸳湖保人，跟随郑军入台，移垦于此，时称"半路竹民社"。

蔡文庄，分成文南及文北村，因蔡文得名。蔡文为郑氏部将，曾经担任援剿中镇。除了蔡氏外，该地还有洪、陈、任三氏。文南洪氏于荷兰殖民统治时期入垦。文北则有蔡、陈、任三氏。蔡氏有两支，一为蔡文系，原籍龙泉县，后世子孙皆外徙，留居者为数极少；另一系来台祖蔡预，晋江县十三都人，康熙十七年（1678年）入台。陈氏来台祖陈台灵，亦于康熙十七年入垦于此。任氏为惠安县人，约于明郑末入垦。

3. 嘉祥里

清旗甲，有梁氏，祖籍长泰县高安坑炳南社，明郑时来台拓垦，后来成为当地大族。

中路，有吴氏，祖籍龙溪县二十九都岛屿乡石码堡，明郑时入台拓垦。①

此外，尚有天兴县宁南坊的陈氏。来台祖陈登昌是陈姓登瀛派第十世陈台彦的长子，乳名老，号贞简，崇祯十二年（1639年）八月十日生于同安县同仁里十四都登瀛保登瀛社。康熙初年，陈登昌携家眷通过贿赂守界弁兵，得以越过界墙，渡海来台，定居于天兴县宁南坊。陈登昌招佃垦拓范围很广，遍及南北部，成为业主大户。②

三、水利建设

随着明郑时期土地开垦而来的，是水利设施的开发。台湾水利设施的建设，始于荷兰殖民统治时期。荷兰人侵占台湾后，以今天的台南附近一带作为主要垦区，由于垦地很有限，加上荷兰人主要种植甘蔗，制糖外销，蔗作所需水分少，对于水资源开发利用的需求没有迫切性。直到崇祯九年（1636年），荷兰人在粮食上为了谋求自给自足，开始奖励稻作，设置谷仓，农业水利成为必要，于是开始修建井陂。

明郑时期为了确保军粮民食，在经济上致力于拓地屯田谋求自足，所以兴筑的水利设施为数不少。然而，明郑时期并不具备从事大规模水利建设的条件，当时仍以小型的陂塘为主，采取筑堤贮积雨水、泉水，或截流引水的方式来灌溉田园，其原因有以下几点：

---

① 吴遐功：《明郑时期二层行溪流域汉人之拓垦》。
② 卢嘉兴：《明郑时来台开拓的陈登昌与其后裔》。

其一，受到地势与气候条件的影响，当时台南、高雄一带只能在地势低下区域开发小型的陂塘。

其二，当时的材料和技术条件还很落后，水利工程都经不起台风、暴雨的摧毁破坏。

其三，当时的粮食固然很需要自给自足，但甘蔗还是最重要的经济作物，因此旱作的比率一直很高。这也使水利开发迫切性不足。

其四，当时缺乏资金与劳力，加上粗放式农业经营常常换地耕种，大规模和比较固定性的水利设施在经营上不合算，所以无法建造具有一定规模且固定的水利工程。

最后，明郑时期虽然厉行屯田，可是与清廷的战争不断，时局动荡，人心浮动，无法用心水利，持久经营。

明郑时期虽然据说有陂七十、潭二、池一、圳五、水源二十五，但是灌溉区域仍然很有限，且水田只占 40.8％，旱园则达 59.2％。各屯田区自成一个灌溉经营区，农业与灌溉的营运虽然尚无正式名称，但是已经形成分层管理的结构，水租的缴纳为每甲约六石稻米。[①]

明郑时期所兴筑的水利设施，依照溪河流域可以分为：

（一）二层行溪流域

所辖永宁、新昌、仁和、仁德、依仁、归仁、永丰、峰德、文贤、长治等十里，筑有水利潭圳如下：

月眉池（今高雄湖内），在文贤里，形如半月，为宁靖王所筑。

祥官陂，在文贤里。

[①] 蔡志展：《明清台湾水利开发之时空分析（1624—1894）》，载《社会科学教育研究》1998年第3期；刘长龄：《台湾水资源早期发展之历程——荷据明郑时期》，载《台湾文献》1998年第49卷第3期；邱奕松：《明郑台湾开发之探讨》。

王田陂（今台南永康境内）。

大湖陂（今高雄湖内区大湖里），在长治里，县北五十余里。周围二百余丈，有泉，蓄水灌田百余甲。

新园陂（今高雄湖内境），在长治里，县北四十余里。陂不甚大，蓄注雨水灌田。

无源潭（今台南归仁区仑顶、沙仑二里境内），在永丰里，潦水所注。

王有潭，在仁和里，为王有所凿。

十嫂陂，在文贤里，为寡妇王十嫂募佃修筑。

水漆潭，在文贤里。

鸳鸯潭，在文贤里。

陂子头陂，在文贤里。

莲花潭，在文贤里。水源甚深，即使干旱也不会涸竭，灌田甚多。

（二）新港溪流域

所辖永康、武定、长兴、广储、保大、新丰等六里，主要灌溉水源有：

鲫仔潭（今台南仁德区崁脚、一甲、太子庙及永康区大湾、网寮一带），在永康、广储、长兴三里交界，延流三十余里，产鲫鱼，年有征税，三里之田借以灌溉。

白衣潭，又名"粥衣潭"，在新丰里香洋仔，蓄注雨水灌田。

公爷陂，在新丰里，蓄注雨水灌田。

草潭（今台南关庙区喷哩里草潭地方），在新丰里，方半里许，蓄注雨水灌田。

甘棠潭，在保大东里，地名"甘棠"。

（三）湾里溪流域

所辖新化、永定、善化、感化、开化等五里，以及左武卫镇、右武卫镇、右先锋镇、左先锋中协、戎旗二镇、角宿镇、水师左镇、果毅后镇、五军营、查亩营、林凤营、水师后镇等屯垦区，在此流域内水利设施仅赤山陂一处。

赤山陂（今台南六甲区赤山里），在赤山庄，县东二十余里，周围百余丈，依赤山之麓，蓄水灌田。

（四）后功、阿公店等小溪流域

所辖维新、嘉祥、仁寿等三里，及前锋镇、中冲镇、侍卫领旗协、戎旗三镇、后剿中镇、后剿右镇、角宿镇、仁武镇、后劲镇、右冲镇、中冲镇、宣毅左镇、水师前镇、戎旗五镇、中权镇等屯垦区，水利设施有：

辅政陂，在凤山庄，为辅政公郑聪所修筑。

三镇陂，在维新里，县北四十里，为林三镇所修筑，有泉灌田。

三老爷陂（今高雄路竹），在维新里半路竹，县北三十五里，有水泉，灌田颇多。

乌树林陂（今高雄冈山内），在维新里，县北四十余里，没有水源，下雨则溢，蓄以灌田。

大陂（今高雄冈山内），在嘉祥里，县北四十余里。没有水源，周围七十余丈，蓄雨水灌田。

中冲旗陂（今高雄梓官内），在仁寿里，县东十余里。水源通冈山溪，引注溪水灌田。

北领旗陂（今高雄冈山内），在维新里，县北五十里，蓄雨水灌田。

竹桥陂（今高雄凤山内），又名柴头陂，在竹桥里，县东二十余里。源出阿维林，蓄引溪水灌田，有鱼虾之利，听民采捕。[1]

---

[1] 邱奕松：《明郑台湾开发之探讨》。

第三节　明郑时期的作物与土地制度

明郑在足兵足食的思维下，改变了荷兰人原有的重商经营策略，转而强调农业在满足日常生活需求上的重要性。更重要的是，由于明郑时期实行的土地制度与荷兰殖民统治时期不同，小农生产成为最主要的耕作模式。农民从生活需求出发，除了栽培作为租税与粮食的稻米外，还经常在自己的农地上进行各式各样的经营活动，包括杂粮作物或商品作物的种植、蔬果栽培、家畜养殖等。

明郑时期台湾种植的作物已经颇具多样性。作为汉人主食品的籼稻，有蚤尖、早仔、埔尖、尖仔等品种；常作为汉人粿品、点心原料，或是少数民族主食品的秫稻与爪哇稻种，则有糯米、赤壳秫、虎皮秫、白尖秫、竹丝菽、生毛秫、过山香、鸭母跳、米秫等种类。此外，还有大麦、小麦、黍（玉米）、薯黍（芦黍、高粱）、黄粟（小米）、鸭蹄黍、黄豆、白豆、黑豆、米豆、绿豆、涂豆（落花生）等杂粮。至于蔬菜有近四十种，水果也有二十多种。在蔬菜方面，汉人经常食用的姜、葱、韭、薤（藠荞）、蒜、芋、番薯、芥、白菜、苋菜、芥蓝、莙荙（茄茉菜、厚叶菜）、菠薐、瓮菜（蕹菜、空心菜）、茼蒿、山药、芹菜，以及几种瓜豆等，皆已经在台湾出现。水果方面，则有檨（杧果）、菠萝蜜、木瓜、菠萝、椰子、槟榔、桃、梅子、石榴、梨仔拔（番石榴）、柑仔蜜（西红柿）、柚、葡萄、莲子、芭蕉、桄榔子、甘蔗、龙眼、荔枝、西瓜、释迦、番橘、番柑（柠檬）、香橼等。家畜有牛、羊、猪、鸡、鸭、鹅等。闽粤一带经常食用的食物，几乎无一不备，甚至还多了不少可能是来自台湾本地或东南亚一带的作物。到清朝统一治理台湾前，除了衣料以外，台湾的农业发展已经可以满足各种日常生活需求。

明郑时期台湾的作物和家畜品种，除了具有生活实用或商业价值外，更具有生命力强、高抗逆性的特点，可以在未经人工改造的荒地上与其他杂草木竞争。以甘蔗为例，台湾栽植的蔗种主要来自大陆，有红皮蔗、白皮蔗和竹蔗等，但真正被广泛栽植的主要是竹蔗。竹蔗汁多且甘，适合榨汁制糖，这是它被种植的主要因素，而且在生长特性上，竹蔗干小而韧，可以抵抗风灾，又性好高燥之地，适宜台湾南部大半年干旱、水利不发达的栽培环境，这个特点是促使蔗作可以顺利在台湾发展的重要因素之一。

稻米的种植情况与甘蔗类似。明郑时期，稻米的品种主要以占城稻、埔占稻、早占稻、早仔等稻种为主。占城稻是宋朝时自越南引入福建的稻种，它具有抗旱而且多产的特征，适合在闽粤一带缺乏水源灌溉的丘陵地上种植；埔占稻、早占稻是占城稻分化出的稻种，也具有和占城稻一样的抗旱特性。占城稻、埔占稻、早占稻因能适应新垦地的生长环境，进而成为主要栽培的稻米品种。

番薯也是明郑时期的重要作物。番薯不仅耐旱、耐贫瘠，而且高产，营养丰富，生长速度又快，郑军初来台湾时饱受缺粮之苦，因此大量种植番薯，借以增加粮食产量。明郑大力推广番薯，以番薯补充粮食的策略非常成功，可以提供人民半数的主食品。明郑时期另一重要作物是苎麻。苎麻适宜于砂砾质土地，无论是丘陵、山区或者平原都可以栽培，一年三收，是适合在新垦地栽培的先驱作物。至于芝麻、蓝草、花生也都是著名的耐旱、耐贫瘠的作物，生长期又短，常常被栽植于新垦地。

明郑时期在土地计量上，沿用荷兰旧制，《台湾外记》记载："其亩亦曰'甲'，以便耕，一甲三十一戈二尺五寸，一戈东西南北四至长一丈二尺五寸。"不过在康熙三十三年（1694年）高拱乾所编《台湾府志》里，田园十分曰"一甲"，每甲东西南北四至各二十五戈，戈略有小异。至于耕佃之制，《台海使槎录》引用《诸罗杂识》颇详，内中言：

> 台湾田赋与中土异者三：中土止有田，而台湾兼有园；中土俱纳米，而台湾止纳谷；中土有改折，而台湾止纳本色。盖自红夷至台，就中土遗民，令之耕田输租，以受种十亩之地，名为"一甲"，分别上、中、下则征粟。其陂塘堤圳修筑之费，耕牛农具籽种，皆红夷资给，故名曰"王田"，亦犹中土之人受田耕种而纳租于田主之义，非民自世其业而按亩输税也。
>
> 及郑氏攻取其地，向之王田皆为官田，耕田之人皆为官佃，输租之法一如其旧，即伪册所谓官佃田园也。郑氏宗党及文武伪官与士庶之有力者招佃耕垦，自收其租，而纳课于官，名曰"私田"，即伪册所谓文武官田也。其法亦分上、中、下则，所用官斗，较中土仓斛，每斗仅八升，且土性浮松，三年后即力薄收少，人多弃其旧业，另耕他地。故三年一丈量，蠲其所弃，而增其新垦，以为定法。其余镇营之兵，就所驻之地，自耕自给，名曰"营盘"。

以上所言，大致可以分为三类：一是官田，为郑氏王室所有之田。二是私田，是指郑氏宗族、文武百官以及士庶有力者招徕移民从事开垦的田地。垦成之后，土地所有权属于招徕者，所有权人向开辟者收租，再以收取租额的一部分向明郑政府纳税，这种私田制度，是台湾土地私有制的萌芽。私田的税率相较官田为轻，仅为官田的五分之一，因为官田的租额是合田赋、佃租、利息及其他费用而为一，私田则只有田赋一项，台湾有田赋自此开始。三是营盘田，为屯兵开垦之田。

明郑时期，因为耕地三年一易，田园面积的总数难有确数。

不过大概情形，可以从高拱乾所编纂的《台湾府志》中了解一些。该书所谓台湾府及台湾、凤山、诸罗三县田园旧额，即是指田园甲数而言，概况如下：

表5-1　明郑时期台湾各行政区田园数　　　　单位：甲

		台湾府总计	台湾县（澎湖在内）	凤山县	诸罗县
田园合计		18453.864023	8561.822671	5048.20836	4843.832992
田园分计	田	7534.577293	3885.644307	2678.49681	970.436176
	园	10919.28673	4676.178364	2369.71155	3873.396816
等则分计	上则田	2678.809502	857.217372	1804.38756	17.20457
	中则田	1901.995202	787.593324	187.22621	927.175668
	下则田	2953.772589	2240.833611	686.88304	26.055938
	上则园	2565.402489	205.352254	738.51115	1621.539085
	中则园	3347.291233	1367.828486	229.21564	1750.247107
	下则园	5006.593008	3102.997624	1401.98476	501.610624

明郑时的田园租税，可以分为官田、私田、屯田三项，前两项详见于康熙五十六年（1717年）《诸罗县志》的记载：

> 前此郑氏上下率自占其田园，以十分为甲，有佃自输粟于官者，谓之"官佃"；有佃输租于文武各官，而文武又各输粟于官者，谓之"文武官佃"。官佃则：上则田每甲征粟一十八石，中则十六石五斗，下则十石二斗；上则园征粟如田之下则，中则八石一斗，下则五石四斗。文武官佃则：上则田每甲征粟三石六斗，中则三石一斗二升，下则二石四斗；上则园征如田之下则，中则一石一斗二升，下则一石八升。

根据上述内容，详细说明如下：

官佃租：即郑氏官田租税，税率是文武官田租五倍上下。因为这类田的陂塘堤圳修筑之费、耕牛、农具、籽种皆由王室资给，佃者无须自备资本，所以租税较重。

表 5-2　明郑时期官佃租税额　　　　　　　　单位：石

等则	田（每甲）	园（每甲）
上则	18	10.2
中则	16.5	8.1
下则	10.2	5.4

文武官佃租：即私田租税，也就是文武官田与一般人民所有田的租税，较官田轻甚多，这是因为垦殖的工具费用，田主都必须自理。

表 5-3　明郑时期文武官佃租税额　　　　　　单位：石

等则	田（每甲）	园（每甲）
上则	3.6	2.4
中则	3.12	1.12
下则	2.4	1.08

屯田：为各镇及大小将领官兵垦殖之地，其赋税，《台湾外记》称："照三年开垦，然后定其上、中、下则，以立赋税，但此三年内收成者，借十分之三以供正用。"[1]

一般而言，耕种官田的农民向郑氏政权缴纳的田赋只占收获量的二成三左右，而且还包括偿还郑氏政权对耕地的各项投资，与同时期的福建官佃相比，郑氏官佃的田赋负担比较轻，不受加派之累。到了清朝统一台湾后，郑氏官佃成为土地所有者，虽然按照规定缴交的田赋有所减轻，但是却要自己负担各项投资，还要承受清朝官吏的加派，实际负担不会减轻太多。在文武官田方面，自耕农缴纳的田赋仅占收获量的二十分之一，佃农缴纳的地

---

[1]　盛清沂：《明郑内政考略》。

租也只占收获量的16%～18.83%，不到二成。因此，明郑时期台湾农民有自耕农、佃农和官佃三种类型，尽管他们各自所处的地位不同，所承受的田赋或地租负担也有不同，但是相对来说负担都较轻。[①]

明郑租税首推田赋，依据高拱乾《台湾府志·赋役志》中所记田园旧额，大略可以探知明郑时期的最后征税额，如下表：

表5-4　明郑时期田赋税额

地区	旧田额（甲）	旧园额（甲）	旧赋额（石）
台湾府总计	7534.577	10919.287	92128.038
台湾县（澎湖在内）	3885.644	4676.178	39641.558
凤山县	2678.497	2369.712	29018.123
诸罗县	970.436	3873.397	23468.357

次为丁银，即人头税。男子年届十六岁，每月皆必须纳银五分，所以《诸罗县志》说："前此郑氏不分主客，计口算丁，每一丁年征银六钱。""主"指荷兰殖民统治时期旧有的男丁，"客"指明郑时期新迁入的男丁。所征税额，高拱乾《台湾府志》所称的"旧额民丁"，即为明郑时期最后的丁数，如果乘以每年六钱的税额，就可以大略知道当时的丁数与税额，如下表：

表5-5　明郑时期丁数与税额

地区	旧额民丁（口）	征银额（两）
台湾府总计	16820	10092
台湾县	8579	5147.4
诸罗县	4199	2519.4

---

① 陈动：《郑氏时期台湾农民的田赋负担》，载《中国社会经济史研究》1982年第3期。

续表

地 区	旧额民丁（口）	征银额（两）
凤山县	3496	2097.6
澎湖	546	327.6

复次有厝税，即房屋税，只对店肆街坊征收。这类税制与税额文献不详，连横的《台湾通史·关征志》说郑氏"厝税"每间六钱二分，共有六千二百七十间半，年征三千八百八十七两七钱一分。

再次有制面牛磨之税，有制糖蔗车之税，有捕鱼之罟、罾、蚝等税，有采捕小船梁头之税，有港口之税，前三项为杂税，后两项为水饷。康熙《诸罗县志》记载："水饷、杂税之征，多属郑氏窃踞时苛政，而最重者，莫如船港诸税。夫船出入于港，而罟、罾、縺、䍺、縗、蚝，则取鱼虾、牡蛎于港者也。乃既税其船，又税其罟、罾、縺、䍺、縗、蚝，且税其港，盖一港而三其税焉。"

此外，尚有盐税与僧道牒之税，《台湾通史·关征志》记载的水陆杂饷如下：

(1) 港潭：年征一万九千三百八十八两。

(2) 梁头牌：每担一钱一分，凡一万三千六百三十七担，年征一千五百两七分。

(3) 澎湖船只：凡一百十一只，年征七十三两八钱。

(4) 安平镇渡船：凡三十四只，年征四百两。

(5) 牛磨：每首二十四两，凡二十七首，年征六百四十八两。

(6) 蔗车：凡一百张，年征一千九百七十六两。

(7) 大小网箔：凡八十张，年征二百零八两四钱。

(8) 罟罾縺䍺等：年征八百四十两。

(9) 乌鱼旗：凡九十四枝，年征一百四十一两。

(10) 入港货税：年征一万三千两。

（11）出港盐税：年征二百两。

（12）僧道度牒：僧每名二两，道士五两，年征二百两。

郑经在台湾掌政时期，因为军费浩大，租税逐渐加重。西征之时，在闽粤二地施行的税目尤其繁杂。如令百姓年十六以上、六十以下，每月纳饷五分，名曰"毛丁"，船只则计算丈尺纳税，名曰"梁头"。此外，又以盐价每石二钱，征饷四钱，并清查屯田等租税、炉税、渡税、酒税、猪牙等项。又如郑军因久围泉州不下，公帑不足，军需缺乏，因而再度重科民间，正供之外，还有大饷、大米、杂饷、月米、橹、桨、棕、麻、油、铁、钉、灰、鸡毛、草束，以及水梢、毛丁等项。此外，还加派殷户助饷，分上、中、下三级不等，并且挨户清查，每户每月征米二斗，于是人民骚然。康熙二十年（1681年），郑氏以乡村茅舍无税，想要征收来解困，百姓患之，大多自毁居舍，十去其三，最终没有施行。康熙二十二年五月，明郑计划再匀派百姓车税、毛丁等类，后来因为民力已经极为疲敝，又不果行。[①]

第四节　移民与社会结构

明清之际台湾汉人大多是渡海而来的闽粤移民。这些移民的原居地，主要包括泉州、漳州、汀州、潮州、惠州、嘉应州等区域。当移民进入台湾之后，无疑会将闽粤原乡的生活方式，重新在这座海岛上加以推进，借此应对不同环境带来的挑战，并且形成可以安身立命的聚落生态。[②]

明末清初迁往台湾的移民主体上为生存型。长久以来，福建

---

① 盛清沂：《明郑内政考略》。

② 洪健荣：《明郑治台前后风水习俗在台湾社会的传布》，载《台南文化》2006年第60期。

一带的居民大多聚族而居，有较强的宗法观念，不到万不得已不会弃别家族田宅徙往他乡。但是，客观环境往往使他们为了生存被迫走上迁徙之路。闽地山多地狭，可耕地少，早在宋代就出现了人口过剩与资源有限之间的矛盾，当时由于周边省份尚有可供开发的地域，过剩人口自然流向了周边地域。但是到了明朝后期，相邻各处的土地都已经开发殆尽，人们不得不将目光聚焦于茫茫海外。尽管当时海上航行极为艰险，但台湾人口稀少，土地肥沃，气候宜人，对生活困窘的人们来说有着极大的吸引力，因此自明末起，一旦福建一带有灾荒兵戈，赴台者即络绎不绝。

当然，在这些为求得生存奔赴台湾的移民中，也夹杂着少数发展型移民，他们到达台湾后，发现有优于家乡的生活条件或发展可能，便安心定居下来，不再考虑返回原籍。①

明郑时期，因为官方的推动，大批移民东来，甚至举族迁徙，官方文教的实施传布了中国传统的儒家思想，寺庙的兴筑宣扬了神道信仰，而以地缘或血缘结合的集村又移植了华南社会组织的特性，这些都使台湾社会结构发生了重大变化。

明郑时期，为了足食足兵，采取寓兵于农政策，迁眷与招纳流民，扩大垦殖，自然扭转了台湾农业模式，即由商品经济趋向中国传统的农业经济，奠定一个以农业定居为主的移民区。② 其招徕人口的办法，约有以下四端：

一、移军来台。明郑军队曾经于顺治十八年（1661年）及康熙三年（1664年）两次大规模来台，约有四万之众，全部付之屯垦。

二、招纳沿海流民。当郑成功拒绝清廷册封，高举义旗抗清后，由于他的主要势力在沿海一带，清廷为了防止其势力扩大，

---

① 薛理禹：《明末清初移居台湾的大陆人》。
② 徐雪霞：《明郑时期汉人在台湾的拓展》。

于是采取坚壁清野的措施。这造成沿海地区无数百姓流离失所，无以为生，尤其奉令推动此令的守界兵弁狐假虎威，乘机荼毒百姓，更使沿海百姓苦不堪言。郑成功在与诸将言及五省沿海人民遭受迁界令之害时，常常深感痛心，因此在收复台湾后，他除了严令军士将家眷迁移来台投入生产外，也十分关心招纳沿海流民来台的事宜。正巧此时福建总督李率泰正大力推动迁界令，强迫同安的排头、海澄的方田等沿海居民八十八堡弃家内徙，引起沿海居民的深恶痛绝。虽然清廷防范严峻，不断差官巡察海疆，有越界者立斩不赦，但是仍有许多平民冒死走脱。郑成功得此消息，立即派员潜往闽粤沿海地区，接应各地流民来台安置，授田耕种。

三、搬迁诸将士眷口来台。顺治十八年（1661年），郑成功命令诸水陆提镇搬眷过台。次年正月，他再次宣示要严格执行命令。不仅如此，士兵的眷属也有迁台者，例如郑经西征时，中提督刘国轩攻下泉州诸邑，因为兵少不足以镇守，调拨乡勇充任，并将他们的眷口迁移到台湾。

四、以罪犯降虏迁台。康熙十三年（1674年），郑经因粮饷不足，于是将罪犯降虏迁到台湾，致力垦殖。次年二月，郑经略地泉州，将洪承畴之侄及翰林杨明琅眷口共百余人迁于鸡笼、淡水。十月，郑经既下漳州，将清将黄芳度之亲族迁至淡水充军。康熙十五年六月，明郑破海澄，清将副都统孟安及马虎、田香五、魏赫、朱应麟等人投降，郑经授衔给札，将他们的眷口和二千余名骑兵将士载到台湾，分配屯垦。九月，楼船中镇萧琛妄报清军大至，罪死，郑经乃流其妻子于淡水。康熙十六年，郑经又尽徙降虏至台。①

清廷对东南沿海地区下达迁界令后，郑成功陆续招徕闽粤沿

---

① 盛清沂：《明郑内政考略》。

海民众，投入台地的拓垦工作，数年后，移民人数已经累积近二十万人，成为将中国传统风俗文化传播于台湾的一股重要力量。嗣后，郑经当政期间，在陈永华的主导下，明郑建孔庙、立学校，有计划地移植传统社会的儒学教化内容，进而拓展中华文化对台湾社会的实质影响。[①]

因为郑氏籍贯为泉州，追随者自然多属闽南漳泉之人，在台汇聚成一个以闽南人为主体的社会。但明郑时期台湾并没有出现类似清代大规模分籍械斗的情形。漳泉人彼此间，一来因为人口距离饱和点尚早，往南往北均有足够空间再供拓展，无须争斗；二来因为举族迁移，地缘色彩一致，并非主要的认同凭借，所以很少有分类械斗。

今日台湾南部若干地名，仍然反映出明郑时移民以同乡集居的特点，例如，闽南同安人许希典、许声良入垦下营地方，后人称此地为"同安寮"；顺治十八年（1661年），郑氏麾下部将陕西人马信除奉令屯垦外，还率领陕西籍农民远赴彰化秀水一带开拓，名为"陕西村"；漳州云霄人集居处则称"云霄街"。此外，"安溪寮""诏安厝""南靖"等，都是同乡集居形成的村落，类此冠上乡名的村落皆蕴含地缘结合的意义。

相较地缘而言，血缘关系与宗族结构更能体现移民在台拓展及台湾受中华文化濡染之深。中国传统社会组织以家庭与宗族为基础，闽南、粤东尤多宗族集居，社会上宗族色彩浓厚。当闽粤移民举族迁徙到台湾后，传统习惯使宗族制度一着土即萌芽滋长。明郑志在生聚匡复，所以积极规划，举族迁徙来台者有三十九姓，今日台湾陈、林等十大姓氏中，有九姓的部分族人就是跟随郑氏来台的，因此社会结合关系始终以血缘为主。此外，官田、营盘田等开垦组织同样也加速了宗族集居聚落的形成。明郑

---

① 洪健荣：《明郑治台前后风水习俗在台湾社会的传布》。

时期的宗族集居现象，在文献与族谱中可以找到不少，如：

柳营的宗族集居村落有刘姓的柳营、吴姓的火烧店、郑姓的五军营、连姓的小脚腿。其中，刘姓宗族源于郑氏部将刘求成父子战死金陵，郑氏抚恤，将他们在故乡平和县大埔乡的遗族迁移至台湾，安置于查亩营垦殖。

下营的宗族集居有颜姓、姜林姓。颜姓始于海澄人颜世贤入垦，成为当地望族；姜林姓始于龙溪人姜亮追随郑成功入垦，收林日升为子，合为复姓，繁衍成当地大族。

西港，同安人蔡应科带领五子入垦。

安定，龙溪人苏正顺带着儿子入垦。

上营，顺治十八年（1661年），泉州人庄古山派下庄崇德入垦。同年，海澄霞阳衍派杨文科入垦。康熙十三年（1674年），其弟杨文允再垦。

新市、安定，海澄霞寮衍派陈泽来台，其三弟陈亥垦于三舍庄（今台南新市），二弟陈丑之孙陈恭垦于麻豆。

台南，同安人陈登昌，于康熙四年（1665年）来台，招佃开垦，子孙繁昌。

善化，漳浦人李报本于顺治十八年（1661年）跟随郑成功迁台驻扎，屯垦小新营（今台南市善化区小新里），小新营逐渐成为以李姓宗族为主的聚落。

归仁，陈氏开台祖陈伯元于顺治十八年（1661年）携二子跟随郑成功来台，垦于归仁，繁衍成当地大族。

今日台湾南部仍然常常可以见到单姓街巷或村落，例如台南市以姓为名的街巷有吴厝巷、陈厝巷、曾厝巷、蒲厝巷、蔡厝巷、郑仔寮；村落如麻豆的谢厝寮庄、陈姓寮庄，西港的刘厝庄、施寮庄，安定的郭厝寮、胡厝寮、苏厝，归仁的杨厝庄、辜厝庄。这些村落都由该姓祖先拓垦、繁衍，后来或者继续维持单姓，或者杂入他姓，或者向外分支，但是仍然可以追溯出早先因为血缘关系结合而集居的现象。当然，这些冠姓村落并非全都出现于明郑时期，也未必是在明郑时期已有的宗族组织基础上延展的。①

明郑实行官田、营盘田开垦组织，对后来台湾南部聚落的形成产生决定性的影响。今日台湾南部平原的古老聚落大多数是集村，除了就水源而居的自然环境因素外，大半基于官田、营盘田耕作者集中居住的历史因素。由于农民多为政府或官吏的佃户，所以他们是没有资本的小农，自然都以同姓、同乡、同志关系集居一处，在生活上、经营上可以互相照应，共同开垦，形成一种村落小区，各地营盘田即是一种最标准的组织，这是南部集村形成的主要原因。其次，有佃农累积资金，纠合附近同志，选择便利地点，建立永住的集村，因为对南部较多的旱园可以粗放经营，不必就近照顾。另外，南部一田一主的耕地组织，或者也与集村的形成有关，即环绕田主集居，管理较为方便。集居的农村或军队驻屯区逐渐发展成后来相当规模的城镇，如新化、新市、麻豆、善化原来的四大民社发展成为市镇，盐水、冈山原军屯区亦发展成市镇。②

郑成功有生之年，对永历帝册封的延平郡王称号一直未予使用，仅用招讨大将军的名义发号施令。他死后，郑经和郑克塽也都是使用招讨大将军世子的名义管理台湾。郑氏降清时，延平郡王的册印可以先行缴纳，唯有招讨大将军印却要等到户口兵马各项册籍全部造好以后，才予以上缴，这说明它始终是郑氏行使权力的象征。因此，明郑的权力结构虽然有军、政两个不同的系统，但是核心和主要部分是按照军事体制来建立的。实行这种体制，是为了适应抗清战争的需要。在这种体制下，台湾的社会结

---

① 徐雪霞：《明郑时期汉人在台湾的拓展》。
② 徐雪霞：《明郑时期汉人在台湾的拓展》。

构主要呈现为郑氏家族－文武官员、明宗室、海商、乡绅－士兵、农民、渔民、手工业者、小贩、雇工等这样一种关系。

以郑成功、郑经、郑克塽为代表的郑氏家族是台湾社会的最高统治者，他们使用招讨大将军或其世子的名义统率全体军民，平时奉行寓兵于农的政策，战时征调士兵归伍作战。郑氏还是台湾最大的地主，直接拥有官佃田园近万甲，同时还代表国家征收私有土地的田赋以及各种捐税。他们又是海商集团的首领，拥有许多大型海船，每年往返于日本、吕宋、交趾、暹罗、柬埔寨、西洋等地从事远洋贸易，获得丰厚的利润。郑氏以台湾为基地，维持庞大的军队，与清朝隔海对峙，一有机会，还要兴兵大陆，他们的军事力量对台湾社会具有很强的控制力。

文武官员、明宗室、海商和乡绅处于台湾社会的上层，这一部分人的情况比较复杂，他们之中还可以分成许多不同的阶层。例如一些执掌大权的统兵将领与一般的官吏、员弁在政治地位和经济实力等方面都不可同日而语，但是相对于广大的士兵和民众来说，他们又是统治阶级。这部分人为数不少，以康熙二十二年（1683年）为例，当时在澎湖战役中战死和降清的千总以上的武职官员就有六百余人，随后和郑克塽一道降清的武职官员还有一千六百余人，文职官员有四百余人。当时，在台湾的明宗室也有宁靖王朱术桂、鲁王世子朱桓、泸溪王朱慈旷、巴东王朱江、乐安王朱俊、舒城王朱著、奉新王朱熺、奉南王朱遪、益王宗室朱镐等。文武官员和明宗室不但人数众多，而且他们当中的许多人同时又是地主，当时文武官田的土地，多至两万余甲。文武官员中，有些人还身兼海商，例如武平侯刘国轩和吏官洪磊，他们在澎湖战役之后，还派出海船前往日本和暹罗贸易。

武职官员不仅人数比文职官员多，而且具有更强的经济实力。洪旭临死前曾遗命其子洪磊捐助郑氏饷银十万两，刘国轩在郑氏政权财政困难的情况下，曾经主动自辞俸禄，同时捐助自辖兵三个月的军饷，其他将领如吴淑、何佑、江胜、林升等人也都效仿而行，而当时的文官却没有余资可以捐助。这说明由于军事体制的影响，武职官员在社会上具有比文职官员更高的政治和经济地位。

士兵、农民、渔民、手工业者、小贩、雇工等，处于台湾社会的底层。由于明郑奉行寓兵于农的政策，士兵和农民的身份是可以统一的，兵即为农，农即为兵，例如康熙二十一年（1682年），郑氏得知施琅屯兵铜山的消息，曾经从草地种田之人挑出六千名教打鹿枪，派守澎湖，后来因为缺粮，又将鹿枪手调赴草地耕种。由于军事的需要，当时士兵的人数在总人口中占有很高的比例，以康熙二十二年来说，澎湖战役中，战、溺而死的郑氏士兵有一万四千余人，投降的士兵有四千八百余名，随后和郑克塽一起投降的士兵还有四万余人。这一年，郑氏军队达到六万人，约占当时台湾汉族人口总数的一半。即使在郑清双方没有战事的年份，例如康熙七年，士兵的人数也还占到当时台湾汉族人口的 25%～30%。农民是当时台湾社会主要的生产者，其中佃农的人数比自耕农要多，因为当时不但官田全部由佃农耕种，而且文武官田绝大多数也都是由佃农垦成并进行耕种的。①

第五节　汉番关系

郑成功将安抚少数民族的工作视为要务。顺治十八年（1661年）四月，郑军登陆鹿耳门，进攻热兰遮城时，附近少数民族各社的头目俱来迎附。郑成功下令厚宴，赐予正副土官及袍帽靴

---

① 邓孔昭：《郑氏时期台湾社会经济若干问题的探讨》，载《清史研究》1995 年第 4 期。

带，因而南北路各社闻风归附者接踵而至，郑成功照例宴赐之，各社悉平怀服。其后，郑成功亲临蚊港，相度地势，并且视察四社民心向背。当时，番民男妇壶浆迎者塞道，郑成功慰劳之，民众甚是喜慰。

十二月，郑成功复行巡视，亲自率领何斌、马信、杨祥、萧拱宸等人从新港、目加溜湾巡视。他看到当地土地平坦膏沃，各社民众全都列队恭迎。郑成功赐以烟布，慰以好言，各社皆跳跃欢舞。郑成功观察他们的社里，都是斩茅编竹，架楼而居，虽然没有土木坚固，却自有疏林幽趣。民众计口而种，不贪盈余，以布作幔，不羡繁华，真是媲美三代以上人民。郑成功等人由萧垄、麻豆、大目降、大武垄、他里雾、半线各处踏勘而回，不但遍视今台南市各大社，抑且远至今云林、彰化一带，他对处理少数民族事务的重视，于此可知。

康熙元年（1662年）正月，郑成功以监纪洪初辟等十人，分管社事，专司番政。起初，郑成功巡视各个土番社，有户官都事杨英随行。据《从征实录》，四月，杨英上奏抚番务农之策，略曰：

> 民以食为天，不外劝农力耕而已。至于各社，抚其众而耕其田，教其法以竭其力，使适意开垦，可岁供百万也。英随藩主十四年许矣，扈从历遍，未有如此处土地膏腴饶沃也。惜乎土民耕种，未得其法，无有人教之耳。英去年四月间，随驾蚊港，路经四社，颇知土民风俗。至八月，奉旨南社，适登秋收之期，目睹禾稻遍亩，土民逐穗采拔，不识钩镰割获之便，一田之稻，云采数十日方完。访其开垦，不知犁耙锄斧之快。至近水湿田，置之无用。以英愚昧，谓宜于归顺各社，每社发农夫一名，铁犁、耙、锄各一副，熟牛一头，使教耕牛犁耙之法，艺种五谷割获之方，聚教群习。彼见其用力少而取效速，耕种易而收获多，谓不欣然效尤，变

其旧习之难且劳者，未之有也。书曰："因民之所利而利之，斯不亦惠而不费乎？"然此必用心抚绥，家喻户晓，恩威教导，垦多力耕者有赏，怠玩少作者有罚。度其力量授田，然后计亩征输焉。

杨英此启，是否全部付之实行，史无明载，但是当时郑氏军食困窘，必定致力于番地的种植，则可想而知。

明郑时期也设置"番社学"来教导番民子弟。郁永河《裨海纪游》记载：

> 新港、加溜湾、欧王（即萧垄）、麻豆于伪郑时为四大社，令其子弟能就乡塾读书者，蠲其徭，欲以渐化之。四社番亦知勤稼穑，务蓄积，比户殷富，又近郡治，习见城市居处礼让，故其俗于诸社为优。

郁永河于康熙三十六年（1697年）来台。郑成功收复台湾之初，四社番民计口而种，不贪盈余。三十多年后，一变成为勤稼穑、务蓄积之习。由此可知，明郑一代，除了教育番民儿童以外，对他们的耕作也必定有所教导。

杨英所称的计数征输制度，于史无征，但是明郑对番民有丁米之税与赎社之税等。丁米税是为种地众番特设的，高拱乾《台湾府志》记载："至种地诸番，伪郑不分男妇，概征丁米，识番字者呼为教册番，每丁岁征一石，壮番一石七斗，少壮番一石三斗，番妇亦每口一石。"赎社之税，即汉人与番社交易之税，同样见于高拱乾《台湾府志》：

> 如诸罗三十四社土番，捕鹿为生，凤山八社土番，种地糊口，伪郑令捕鹿各社，以有力者经管，名曰赎社。社商将

日用所需之物，赴社易鹿作脯，代输社饷。①

明郑实行的赎社制度在《诸罗县志·风俗志》中也有记载：

赎社亦起自荷兰，就官承饷，曰"社商"，亦曰"头家"。八九月起，集伙督番捕鹿，曰"出草"，计腿易之以布，前后尺数有差。劈为脯，筋皮统归焉，惟头及血脏归之捕者。至来年四月尽而止，俾鹿得孳息，曰"散社"。

《台海使槎录·诸罗杂识》亦言：

台湾南北番社，以捕鹿为业，赎社之商以货物与番民贸易，肉则作脯发卖，皮则交官折饷。……红夷以来，即以鹿皮兴贩，有麋皮、有牯皮、有母皮、有獐皮、有末皮……

赎社商人的确定，大抵在每年五月间，由想要担任赎商者集会于公所，官府将各社该年应当缴交的饷银数目高呼宣告，有商人愿意认某社，则报名响应。完成手续，商人即可至该社贸易。

关于土地开垦，明郑时虽然曾经颁布开垦章程，明令文武官员垦地不可以混侵土番既有农田，但是对于猎区却没有加以规范，从而导致有些官员将番社的猎场视为荒地予以垦殖。康熙三年（1664年），郑经将军队全部撤回台湾，并听从陈永华的建议，颁布屯田之制以拓"番地"，于是，南至琅峤，北及鸡笼，皆有汉人足迹。

---

① 盛清沂：《明郑内政考略》。

第六章
明郑时期台湾与日本等的贸易

第一节 贸易组织

台湾位于东亚水域要冲，交通地位重要，自地理大发现之后，西方国家将触角向东延伸，台湾的这种地位就越发明显——北可向日本，南接菲律宾，向西则是中国大陆。长久以来，台湾澎湖就是东亚海域走私贸易的基地，17世纪初期，台湾曾经因为这种特殊的地理位置分别被西班牙、荷兰侵占。顺治十八年（1661年）郑成功收复台湾，以台湾为基地延续自郑芝龙以来的对外贸易。郑经继之，使明郑长期保持着较大规模的海上贸易。

明郑贸易的营运体系，是由公行与船舶交互配合而构成的，亦即由公行负责搜购大陆物产及由日本输入的转口货物，交付给船舶运抵东南亚，由东南亚侨商代为销售，后再由海舶载运购自侨商搜集而得的东南亚物产或由欧转进的货物返回，委交给公行处置。公行由明郑出资，组织商行，委由商人掌管，因此又有"王商"之称。它的起源为郑芝龙或郑成功设立的秘密商团组织——五商。五商遍布于沿海及冲要都会之区，在京师、苏州、杭州、山东等处经营财货，以济郑氏之用。这个组织对当时东北亚及东南亚整个地区的贸易有着重要影响。五商在组织上分成山、海两路。山路有金、木、水、火、土五行，总机构设在杭州及附近，是专门采购大陆货品的机构；海路有仁、义、礼、智、信五行，总机构设在厦门，其下的分支行号，遍布沿海各省大都市及港口，是贩运东西两洋货品的商业机构，而它们所依靠的，为东西洋船队。①

山五商实际上是牙行，海五商则为埠头。山五商主要是收集各地的特产，而海五商的主要工作是将内陆的特产搬运到厦门，因此，可以将山、海五商视为领取郑氏资本在陆上从事进出口货物买卖的铺商。而东西洋船队的任务是将物产运到岛外贩卖，可以视为领取郑氏货物兴贩于海外的船商。东西洋船队所带回的外国物产，有一部分是军需品，有一部分卖往中国大陆。②各行都有专人负责，归裕国及利民两库指挥，两库再经户官，乃至招讨大将军即郑氏亲身监督。③

更进一步说，五商实际上是沿袭明代后期以来民间海外贸易中的铺商与船商的组织而形成的。郑氏海商集团自从郑芝龙受抚

---

① 郑瑞明：《台湾明郑与东南亚之贸易关系初探——发展东南亚贸易之动机、实务及外商之前来》，载《台湾师大历史学报》1986年第14期；盛清沂：《明郑内政考略》；简蕙盈：《明郑贸易概况初探》，载《研究台湾》2010年第6期。

② 简蕙盈：《明郑贸易概况初探》。

③ 郑瑞明：《台湾明郑与东南亚之贸易关系初探——发展东南亚贸易之动机、实务及外商之前来》。

为官后，就是当时国内最大的铺商和船商之一，只是他们并不参与直接的经营活动，而是出资、出船，委派部属及家人置货购物兴贩于海内外。山海两路各五大商行的首领，即是所谓的五商领袖，他们从郑氏政权的户官或银库管库人那里领取贩贸资本，或是在沿海内地采办买卖通洋的货物，或是在海外各地兴贩谋利，而后将所得交付给户官或银库管库人，结算本息，并领取下一次的经商资本。

由此可见，郑氏山海两路各五大商行所构成的内外商货贸易组织，是确保海外贸易活动得以顺利进行的有力工具，尤其是在清朝海禁愈加严酷的时期，郑氏的五商组织，更发挥了沟通内外商货往来贩贸的作用。[①] 五商制度为明郑带来相当多的财富及军需物资，因此，退守台湾后，明郑仍然以台湾为基地，设置公行经营，其实施甚至更加彻底。

五商还具有情报搜集功能。它们的成员大都有一定的身份背景作为掩护，暗中从事情报信息的往来传递工作。五商中有的人还让其子考取举人和秀才，以便交通官府。

郑成功遍布心腹于各地，凡是督、抚、提、镇衙门，事无巨细，都可以获得情报，提早做准备，所以能够用咫尺之地拒守清兵三十余年，终不败事，这除了和他的用心治理有很大关系外，五商的经营与谍报工作互相配合，也是重要的因素。[②]

明郑贸易船只主要分为两类：一类为官商，是以郑氏政权名义经营的官营贸易，户部负责管理；一类为私商，是郑氏准许的私人贸易。此外，尚有一些散商及三藩船。为了确保船只航行的

---

① 聂德宁：《明清之际郑氏集团海上贸易的组织与管理》，载《南洋问题研究》1992年第1期。

② 聂德宁：《明清之际郑氏集团海上贸易的组织与管理》；张菼：《郑成功的五商》，载《台湾文献》1985年第36卷第2期；盛清沂：《明郑内政考略》。

安全，明郑常常派遣武装船加以保护。明郑的船上人员在组织上相当健全，各有专责，分工细致，例如管船者即是船长，只负责在抵达目的地时指挥一切事宜，联络官衙，约束全船人员；总管分正副，掌管船中总务，凡是买卖簿记及掌柜都归他们管辖；火长分正副，懂得罗经之法，观测天文，分析天气，考察地理，掌握航行；舵工分正副，司舵；头二碇，司碇；大二繚，司繚索；押工，修理船中器物；直库分正副，司战具；阿班分正副，掌管船柱；总铺分正副，司伙食；大阡、二阡、三阡，司桅索；香工，朝夕焚香祭神；板工，司梯舟。船主与工作人员之间，不仅是劳资雇佣关系，同时也是个体合作关系，彼此间又像股东，船只在海上的安危以及贸易的好坏，与每个人的利害都有关系。[①]

郑氏的商船主要来往于菲律宾、日本和中国大陆沿海。当时船只多在每年一月前往马尼拉，四月或五月回来，再于六月或七月到日本，然后于十一月或十二月由日本回来。[②] 当时出口的货物，以绸缎绫罗及生丝等为主，换回的物品，则为白银、杉桅、硝、磺、铜、铅、麻、木材等军需物资。[③]

明郑时期，台湾所产的糖、鹿皮、牛尾药等大多输往日本，以换取日本的金小判、铜、银。糖为台湾土产大宗，在荷兰殖民统治时期，砂糖为向外输出的重要获利商品，使台湾成为一个新兴的产糖重地。但郑成功收复台湾后，因为粮食不足，所以致力于稻米的栽培，一时之间，蔗糖产量大为减少。等到郑经嗣位，才让蔗糖产量渐渐增加。郑氏为了独占输日糖的利益，将糖定为专卖事业之一。日本对鹿皮的需求量大，利润丰厚，所以鹿皮也

[①] 郑瑞明：《台湾明郑与东南亚之贸易关系初探——发展东南亚贸易之动机、实务及外商之前来》；简荭盈：《明郑贸易概况初探》。

[②] 杨佳瑜：《从英国东印度公司史料看郑氏来台后国际贸易地位的变化（1670—1674）》，载《台湾风物》1998年第48卷第4期。

[③] 盛清沂：《明郑内政考略》。

是郑氏的专卖商品之一。

明郑政权还将大陆产的生丝、丝绸、生姜、明矾、茶等销往各地。中国大陆出产的生丝、丝绸为日本人及欧洲人所喜爱,被大量输出到海外各地,且荷兰、英国都热衷于购买中国丝进行贩运,是利润丰厚的贸易品。明矾颇适合于沿海地方使用,销路甚佳,英人常常大量购买。茶为欧洲人喜用的上等饮料,在当时相当昂贵。[1]

由于菲律宾是西班牙的殖民地,每年会有满载白银的船只由西班牙南美殖民地开往菲律宾,所以菲律宾成了东南亚重要的白银来源。明郑赴菲的船只在台湾先等待前往日本的船只回来,再将日本运来的铜条,加上大陆的丝织品、牛尾药及其他货物运到菲律宾,从菲律宾回程时,载运银条及银币回到台湾。

郑成功平均每年投入海外贸易的商船在46~50艘之间,其中直接来往于中日之间的商船约30艘,直接来往于中国和东南亚之间的商船约10艘,航行于中国—东南亚—日本—中国的商船约10艘。其海外贸易总额为每年392~456万两,利润总额为234~269万两。[2]

随着国际形势及附近商圈市场的变化,台湾作为东亚货物转运站的地位逐渐降低。郑成功自收复湾后,虽然还是维持和大陆的贸易以及和日本的往来,但是他并不鼓励和东南亚贸易,只维持小量的往来。实际上,台湾海外贸易萎缩及地位降低,在荷兰殖民统治末期就已经显现出迹象。在这种局势下,顺治十八年(1661年)以后实施的迁界令,对台湾的经济贸易伤害极大。迁界令不但断绝了郑氏的主要粮饷来源地,同时还使他们丧失了市场及货源,只能依靠走私来维持。少了重要的货源,例如生丝

---

[1] 简蕙盈:《明郑贸易概况初探》。

[2] 杨彦杰:《一六五〇年——一六六二年郑成功海外贸易的贸易额和利润额估算》,载《福建论坛》1982年第4期。

等，台湾的主要贸易方式，大概只剩下输出本地的糖和鹿皮，输入日本的铜、银、金，以及从事日菲之间的铜银转口贸易。① 以下几节，拟就明郑时期台湾与日本、东南亚、英国等地的贸易关系分别论述。

第二节　与日本的贸易

日本是明郑最重要的贸易国家，早在郑芝龙时，双方就有很密切的关系。郑芝龙在接受明廷招抚后，更是凭着权势，每年都派船到日本进行贸易。1610年到1633年间，每年到日本的中国船只为30～60艘，1634年后不断增加，1639年增至93艘，1641年则达到97艘。如1641年6月，郑芝龙派船6艘自安平经台湾抵长崎，其中第一艘船装的货物为：白生丝5700斤，黄生丝1050斤，捻丝50斤，丝线100斤，白绫5000匹，纺绸5000匹，红纺绸400匹，红绮绫5000匹，白绮绫70000匹，缎子2700匹，天鹅绒500匹，花缡珍80匹，丝织540匹，麻布7700匹，红地毯300枚，鹿皮150枚，鲛皮100枚，茶壶47个，茶碗1400个，白蜡600斤，水银200斤。其余各船所载货物相似，有的还装载象牙。同年7月，郑芝龙又派遣砂糖船12艘前往长崎，除了满载白砂糖、黑砂糖、冰糖以外，还有白蜡、麝香、茶壶、药品、白生丝、黄生丝、漆器、瓷器等。8月，郑芝龙又有5艘船装运各种绢织物品抵达长崎，其中8月18日的一艘，载重为3000贯目。短短3个月中，郑芝龙开往日本的货船就有23艘，而且货物品种繁多。②

---

① 杨佳瑜：《从英国东印度公司史料看郑氏来台后国际贸易地位的变化（1670—1674）》。

② 吴凤斌：《明郑家族与安平港》，载《南洋问题研究》1985年第4期。

第六章　明郑时期台湾与日本等的贸易

郑成功时期，对日贸易仍是重点。原因除了郑成功本人与日本有历史渊源外，还在于自明末以来西力东渐，西方国家借助强大的武装力量与雄厚的资金涉足东南亚市场，竞争激烈，使华商势力不振。但是在日本，政府为了确保政权的稳固，实施锁国政策，禁止葡、西、英等西方国家商船前往日本，只有与布教无关的中、荷两国可以与之贸易，长崎则为唯一对外通商的门户。再加上日本在幕府时期十分富庶，对中国物资需求颇多，日本又产铜，对郑氏而言，铜是制造武器及永历币的原料。[①] 因此，郑成功抓住这个有利的时机，根据日本市场的需求，通过组织严密的五商十行机构，大力置办苏杭细软，填补葡萄牙等国被迫退出日本市场后留下的真空，成为长崎进口生丝的主要供应者，并且左右着长崎市场的形势。

郑氏商船输往日本的货物，有江浙的丝织品与福建的布帛、烟草和台湾所产的白糖等，这些商品长久以来即在日本拥有广大的消费市场。贸易品中，除了砂糖可以用来压舱，加强航海的稳定性外，其余多属体积小、载运量大、利润丰厚的货物。[②] 而从日本输出的，除了军需物资外，主要是银，但是郑氏集团所得到的银，并没有全部运回，除用于购买军需物资等外，只有一部分被运回，其余相当多的一部分被寄留在长崎。郑成功与郑泰在长崎都有自己的银库，属于前者的称"天璜"，属于后者的叫"东里"。[③]

1649年7月17日，郑成功所属的一艘船只自安海到长崎，装载了白生丝5000斤、Poil绢丝5000斤，以及很多的其他织

[①] 简蕙盈：《明郑贸易概况初探》。

[②] 朱德兰：《明郑时期台湾海商经营日暹贸易之研究：以胡秋官、蓝泽两艘商船为例》，载《东海学报》1987年第28期。

[③] 任鸿章：《明末清初郑氏集团与日本的贸易》，载《日本研究》1988年第4期。

211

物。1650年10月19日，郑成功的另一艘戎克船自漳州开到长崎，装载生丝12.01公斤、纶子1800匹、纱绫1800匹，以及许多绸缎、药材等物。此外，还有4艘戎克船搭载了很丰富的货品，也即将前往长崎。1651年8月4日，郑成功所属的一艘船，自广州装载了纱绫、纶子等估计价值40箱银的货物到长崎。而自1654年11月3日到1655年9月16日，由各地开往长崎的中国戎克船有57艘，其中大部分是属于郑成功的。① 1656年2月，清朝下令海禁，如此一来，1656年至1657年，驶入长崎的47艘中国帆船，全部属于郑成功。②

从1650年到1662年间，共有649艘中国商船航往日本贸易，平均每年约50艘。这些中国商船除了郑成功的船队外，也包括其他散商的船只，同时，除了从中国各个港口开往日本贸易的商船外，还包含从东南亚各地开去的。其中，来自郑氏势力范围内的商船，占总数的80%以上。以此估计，郑成功对日本贸易的船数，平均为每年40艘左右。郑成功输往日本的大宗商品是生丝和丝织品，约占70%，此外，还有药材、古董、书画等物。据统计，郑成功每年对日本的贸易总额约达216万两，利润约达141万两银。③

郑成功与日本的关系，除贸易外，为了抗清，他也曾经几次向日本请求援助。如《台湾郑氏纪事》载，顺治五年（1648年）郑成功攻打同安时，曾经写信给长崎译官曰："大明龙兴三百年，治平日久，人忘乱，鞑靼乘虚破两京，神州悉污腥膻。成功深荷国恩，故将蹀血以报雠，徘徊浙、闽间，感义颇有乐从者。然孤

---

① 曹永和：《从荷兰文献谈郑成功之研究》，见《台湾早期历史研究》，台北：联经出版事业公司1979年版。
② 吴凤斌：《明郑家族与安平港》。
③ 杨彦杰：《一六五〇年——一六六二年郑成功海外贸易的贸易额和利润额估算》。

军悬绝,千苦万辛,中心未遂,日月其迈。成功生于贵国,故深慕贵国,今艰难之时,贵国怜我,假数万兵,感义无限矣!"其结果是日本"有故皆不报"。顺治十七年七月,郑成功差使张光启渡航日本请援。十一月,张光启返回,向郑成功报告日本上将军不允许发兵,只愿意援助铜煩、鹿铳、倭刀等军备。

虽然郑成功多次向日本请求援兵无果,可是日本曾经援助过他军需品。同时,也可以看出当时中日之间的经济贸易,完全为郑氏家族所垄断。[①]

郑经时代台湾的海上贸易规模虽然不及郑成功时代的庞大,但是他也重视与英国、日本及东南亚的贸易。康熙五年(1666年),在郑经的支持下,洪旭派遣商船前往各港购买船料运载到台湾,以便打造洋艘、鸟船,并装运白糖、鹿皮等物到日本,制造铜煩、倭刀、盔甲,以及铸造永历钱。康熙九年,台湾有18艘船开往日本,其中大半为郑经本人所有,他垄断了对日本的鹿皮和糖贸易。康熙十三年,郑经差派兵都事李德驾船到日本铸造永历钱及铜煩、腰刀等器械,以资兵用。即使是康熙二十二年郑氏统治的最后一年,到达长崎的中国贸易船仍然有27艘,其中台湾11艘。[②]

郑经时代的对日贸易物品,大多延续自郑成功时代,但是由于清廷的海禁政策,台湾输到日本的大陆生丝和丝织品已经锐减许多,主要靠的是本地生产的鹿皮和糖,以及来自东南亚的转运物品。其由日本输入的商品,依然是金、银、铜和武器。

对明郑而言,与日本贸易所得的一些商品,还是重要的转贩

---

① 徐恭生:《试论郑氏与日本的贸易关系》,载《福建师范大学学报(哲学社会科学版)》1983年第2期。

② 陈娟英:《试论17世纪郑氏海上贸易对闽台社会经济的影响》,载《南方文物》2005年第3期;黄玉斋:《明郑抗清的财政与军需的来源》,载《台湾文献》1958年第9卷第2期。

物资。例如在台湾对马尼拉的贸易货品中，毯子和铁都属于输出大宗，来自日本的铁就占了将近四分之三的数量，毯子也占了近三分之一。其他一些货品，如铜、银、棉花、盘子、写字台、酒等，也源自日本。①

第三节　与东南亚的贸易

从整个东南亚区域来说，明郑时期销往东南亚的，以中国产丝织品、瓷器及金属器等为主，包括台湾的蔗糖和鹿皮，此外，更有不少由日本进口后再转而出口的铜、金。就输入品而言，东南亚地处热带，土地肥沃，物产丰饶，且该地区与西欧交易鼎盛，由西欧运来的洋货如棉毛织物等充斥东南亚市场。因此，就明郑而言，东南亚无异是一个购物天堂，可以在东南亚采买再到日本或中国大陆赚取价差。②明郑在东南亚购买的主要商品有：一、胡椒，主要产自万丹，郑氏再将此销售至中国大陆；二、琥珀，为官员显要及商贾所喜爱，郑氏大多运往中国大陆；三、硝石，为火药原料，暹罗所生产的硝石质量甚佳，所以每年有大批硝石由郑氏商人自暹罗运返回台，以供抗清使用；四、西方军火，如火药、火绳枪、铁，主要是为抗清所用；五、稻米，暹罗的特产之一，郑氏在战时需要大量粮食，自产不足，必须进口；六、其他东南亚特产，例如珊瑚、象牙、豆蔻、丁香、苏木、乳香、樟脑、白檀木等，以万丹为中心，再运往台湾。③

---

①　方真真：《明郑时代台湾与菲律宾的贸易关系——以马尼拉海关纪录为中心》，载《台湾文献》2003年第54卷第3期。

②　郑瑞明：《台湾明郑与东南亚之贸易关系初探——发展东南亚贸易之动机、实务及外商之前来》。

③　简蕙盈：《明郑贸易概况初探》。

第六章 明郑时期台湾与日本等的贸易

以康熙二十三年（1684年）由暹罗返抵厦门而被扣押的原明郑船为例，货品有乳香、石青灰布、大绨布、方毡、小绨布、中绨布、乌大中卯布、花围巾、毛里布、乌小卯布、白粗灰布、白陕布、白小粗布、布幔天、卷绫、杂色红毛袖、红哆啰呢、水灰黄色哆啰呢、鲂鱼皮、槟榔、乌糖、安息、藤黄、燕窝、柳条、白象布、乌中卯布、苏木、铅、锡、象牙等。看得出来，明郑由该地输入的货品，种类相当繁多。

在贸易船只数量方面，郑成功派往东南亚贸易的商船平均每年16～20艘。[①] 例如1655年3月9日，属于郑成功的24艘船自中国沿岸开去各地贸易：7艘至巴达维亚，2艘至东京，10艘至暹罗，4艘至广南，1艘至马尼拉；8月17日，8艘属于郑成功的船只自巴达维亚回归，此外，尚有自暹罗等地回去的。

郑成功时期台湾对东南亚的年贸易额，输入部分在128万到160万两银之间，输出部分为48万至80万两银。两项相加，对东南亚的贸易总额，平均每年为176万至240万两。在利润部分，输往东南亚一带的大宗商品仍然以生丝和丝织品为主，不过在东南亚市场，生丝价格比在日本低，利润率大约是100%，可以获得64万到80万两的利润。另一方面，从东南亚载回岛内的大宗商品是香料，利润率大约为60%，以每年从东南亚载回48万到80万两银的香料计算，可以获利29万至48万两银。两项相加，郑成功时期台湾对东南亚贸易的全部利润额，平均每年在93万到128万两银之间。[②]

在郑经时期，派往东南亚贸易的船只也不少。例如郑氏集团的官员洪磊派遣部属黄成到暹罗贸易运回的商品中，有乳香1900

[①] 杨彦杰：《一六五〇年——一六六二年郑成功海外贸易的贸易额和利润额估算》。

[②] 杨彦杰：《一六五〇年——一六六二年郑成功海外贸易的贸易额和利润额估算》。

担、槟榔 200 担、安息香 22 担、燕窝 244 斤、苏木 920 担、铅 161 担、锡 140 担、象牙 119 担等。而在刘国轩部属蓝泽从暹罗运回的商品中，有铅 2.648 万斤、苏木 12 万斤、锡 4 万斤、上安息香 450 斤、豆蔻 50 斤、三枝担和七枝担象牙共 568 斤、燕窝共 367 斤等。[①] 1682 年 3 月和 4 月，明郑派遣 6 艘船载运砂糖等货物前往暹罗，之后这 6 艘船全部载运米粮返航台湾。但由于当年收成不好，台湾岛内发生了钱多粮少的情况，为了因应这一情况，1683 年明郑至少又增派了 4 艘船前往暹罗购米。[②]

在东南亚诸国中，明郑政权与菲律宾有较多商贸往来。据统计，1664 年至 1684 年，台湾商船到马尼拉所携带的货品，就种类言，大多以原料、民生用品为主，此外还有少数的奢侈品。在这些商品中，以毯子、麻布为大宗，其次是铁、生丝、裹衬、麦、小网线，而花砖、纸、烟草和棉花数量也不少。除此之外，还有其他少数的货品：金属类有铜、银、铅；木材类有南美竹、做犁用的木棍；器具方面有盘子、碗、茶壶；食品类有糖、面条、日本酒、巧克力、茶等。台湾商船从马尼拉运出的物品有搬运用的线、席子、象牙、胡椒、白线、石膏、犁、文具、饲料、桌子、日本小写字台、贩卖用的衣箱、淡的 heda、黑色 rengues 等，可谓名目繁多。[③]

[①] 冯立军：《清初迁海与郑氏势力控制下的厦门海外贸易》，载《南洋问题研究》2000 年第 4 期。
[②] 郑维中：《施琅"台湾归还荷兰"密议》，载《台湾文献》2010 年第 61 卷第 3 期。
[③] 方真真：《明郑时代台湾与菲律宾的贸易关系——以马尼拉海关纪录为中心》。

第四节　与英国的贸易

1670年，英国东印度公司遣船从万丹前往台湾，与郑经协议通商。6月23日，英船"万丹号"和"珍珠号"驶抵安平，这是英国人首次来台。之后英国屡次遣船前来贸易，并先后在安平和厦门设立商馆。

明代长期实行海禁政策，除了葡萄牙侵占澳门外，西方诸国在中国大陆境内未得寸土，也没有获准通商，所以，当时西欧列强都不得不在周边寻求落脚点，台湾被重视的理由之一即在此。基于此，英人在获知郑氏欢迎外国来台湾交易时，立即派船前来。

另一方面，郑氏为了和清廷对抗，需要通过扩大与周边地区贸易，广邀各国商民到台湾通商，以增强自身实力。郑经对英国来台贸易的期望，可以从以下几点证明：其一，英人到台湾贸易，是应郑经邀请而来；其二，郑经为了奖励英商，给予其种种优待；其三，英人拥有的优良西洋军火更是郑氏所希求的。除了军火，在人员方面，郑氏也希望英人能够对他们有所帮助。

然而，虽然双方对通商都有很高的期盼，但是事实上，贸易的进展却不如双方所望。因为郑氏势力范围太小，加上严厉的禁海迁界令使得明郑要和清廷治下的区域进行交易是很困难的。同时，在兵荒马乱之际，明郑对外来毛织品的需要，远远不如军火迫切。所以，以毛织品为主的英国货在台厦无法找到销路，英国人同样无法获得所需要的大陆绸、绢等商品。再加上台湾的生产能力有限，英人在郑氏专营下无利可图，而英国先后在各地设立的商馆业务也未能充分发展，所期待的对日贸易之路更是打不开，中介贸易之利无法获取。种种原因，使明郑时期台湾与英国的通商在初期已经呈现出黯淡无光的景象。1675年，"飞鹰号"

前来贸易时，英人已经举出台湾商情有多种困难，例如战乱阻挡物资往来，荷兰货仍较英货受欢迎，火药价格无法抬高，南方船只在厦门倾销胡椒影响英商颇大，关税负担沉重等等。

综而言之，阻扰明郑时期的台湾与英国通商的重要因素如下：

一、明郑贸易实行官营制。明郑经营贸易一向有赖于公行，而台湾土产大宗为砂糖及鹿皮，英国人希望能够以合理的价格购进。依照双方协议，英国人可以按照时价购进鹿皮、糖及台湾一切货物，但是实际上不能如愿以偿，因为郑氏对砂糖及鹿皮完全管制，并将这些货品卖到日本以获取高额的利润，这和英人的要求背道而驰。郑氏对货物的控制不仅限于糖及鹿皮，其他重要物资如铜等，官府控制甚严，英国人要获得这些物资几乎是不可能的。

二、禁海迁界及其他战争的影响。战争对明郑时期台湾与英国贸易的影响，以清廷禁海及迁界令最为严重。禁海的目标是片板不许下水，粒货不许越疆，迁界则是坚壁清野的策略，明郑为了加以对抗，除了锐意开拓台湾，加强对日本及南方贸易外，也强化对大陆方面的秘密贸易。但是，清廷二十余年坚持实行禁海迁界，逐渐使明郑物资枯竭，因此明郑时期台湾与英国依靠中介贸易获取利益的贸易方式也无法发展。不仅如此，战争的持续进行，也在多方面造成贸易无法如双方的期待有所发展。如明郑利用三藩之乱在大陆征战，虽然一时引起英国人对厦门贸易的兴趣，但是因为郑军军费庞大，补给不继，直接、间接地使贸易无法继续下去。

三、明郑时期台湾经济消长与英商负担的关系。英国人初来时，明郑给予航海、通商、行动自由以及种种便利条件，但是随着明郑财源逐渐消减，捐税加重，英商需要缴交三倍的关税，加上郑方对债务常常置之不理，使得英国人的态度由称赞转为怀疑、争执，最后变为敌对、绝望。

在贸易品方面，英国人在台湾可出售的货物有硬币、白檀木、没药、豆蔻皮、丁香、胡椒、肉桂、苏木、铁条、火药、麻布、菩提树、欧洲棉织品、苏拉特绢丝、洋纸、绒布、呢布、波斯布、油、蜡、爪哇藤、马六甲锡、米、木料等；可购进的货物有糖、铜、银、牛尾药、囊麝香、明矾、茶、锦缎、府绸、彩缎、小判等。以下选择若干货物略加说明：

（1）糖。糖是台湾土产大宗，1670 年，指挥官克利斯布在报告上说，台湾每年生产糖 5 万比克尔，在岛内的售价为 2 比绍，在日本则可以售至 8 比绍。1672 年，台湾商馆经理代尔博则报告称，台湾所生产的糖，每年因为时季有所增减，产量约为 1 万比克尔，与荷兰殖民统治时期相比减少很多，不及当时的五分之一，而且精制者很少，售价为每比克尔 5 元，以后可能会降至 2.5 元或 3 元。根据协议，英国人可以购买台湾糖生产总量的三分之一，但是因为糖和鹿皮完全由郑氏控制，所以英国人无法依照协约购得充分的糖。此外，因为英国未能恢复日本商馆，所以运糖的目的地不是日本，而是苏拉特。

（2）鹿皮。1670 年，克利斯布称，鹿皮乃藩主专有货物，每年出产 20 万张，藩主如欲得之，尚可多一倍。牡者每百张价格为 20 比绍，牝者每百张 16 比绍，在日本售价皆为 70 比绍。1672 年，代尔博报告称，各种皮总产量每年 10 万张，最好之鹿皮每百张值 20 元，在日本通常可售 60 元；次等鹿皮每百张值 16 元，在日本值 46 元；最坏者在台湾售 8 元，在日本值 20 元。羚羊皮每百张 5 元，在日本售 15 元。牛皮每年出产 1000 比克尔，在台湾每百比克尔售价 12 元，而在日本出售价钱则与鹿皮比例相同。根据协约，英国人可以订购台湾生产鹿皮的三分之一，但是因为无法进行对日贸易，英国人对鹿皮失去兴趣。

（3）铜。英国人对铜的需求量很大，他们可以将铜运往苏拉特获得厚利。1670 年，克利斯布来台时买不到铜，只好以糖装满船只返回万丹。1672 年，"实验号"返回万丹时，带回日本铜条

424箱，价值6360元。1677年11月，英国从台、厦开往苏拉特的"忠告号"及"台湾号"，前者载有日本铜586箱，价值7500两，铜片11片，价值12两；后者载有日本铜586箱，价值9376元。1677年，"台湾号"装货单上的价格是每箱16比绍，不过，同年8月，"忠告号"在台湾购装的91箱铜中，54箱为每箱16比绍，37箱为每箱17比绍。

（4）金。台湾北部鸡笼附近虽然产金，但是产量不多，明郑时期台湾与英国贸易最大的金料为日本的小判。1670年，克利斯布报告称，从台湾运来的货物，最多的是日本的金小判，当时在台湾，小判价格为6比绍。1672年，代尔博报告说，小判的时价为5.5荷元，在万丹可以售得8.41荷元或8.5荷元，沿海地方则可以到10荷元。1675年，台湾商馆经理达喀尔报告说，自己奉命以2000比绍购买黄金，虽然曾经努力设法购买，但是自从他们到达台湾以后，开来的船舶都没有从日本运来小判，所以在台湾很难购得黄金。1677年，自台湾开往苏拉特的"台湾号"除了装载铜外，还有小判20件，每件65元，及金条2条。同年，自厦门开往苏拉特的"忠告号"，除了载运铜外，有金一袋，净重101.95两。依据苏拉特商馆寄呈伦敦总公司的信函，当年的黄金有40%的利润。

（5）银。当时在台湾可以购得的银多为日本银，银为中国人所喜用，用来购买中国绸类很方便。1677年8月，自安平开往厦门的"忠告号"载有日本银558.85两。当时郑氏与马尼拉有所来往，因此除日本银外，墨西哥银也可能流入台湾，而当时最通行的货币为西班牙银元比绍。

（6）铅。依据1670年克利斯布报告所称，明郑从荷兰人那里取得的货物，尚有铅2000比克尔，而铅的售价为每比克尔8比绍。1675年，英国人在台湾出售的铅，每比克尔8.5比绍。1680年，有从伦敦开往厦门的"巴拿帝斯顿号"，载有铅200块，约480比克尔。1683年，郑氏降清时，台湾商馆收存的铅仍有97块，合计747.99两，约占公司存货总额的四分之一。

（7）军火。军火是明郑特别需要的，1670年，明郑要求火药200桶，每桶15比绍；火绳枪200支，每支4比绍；铁100比克尔，每比克尔5比绍。1675年，明郑又要求英方每年运来毛瑟火枪200支，铁100比克尔。另外，陈永华也愿意自付运费，请英方运来黄铜炮6架，其中3架要能装填9斤重的炮弹，而另3架则是能装填8斤者，并以同等重量的铜偿还，不过这批大炮始终没有运来。1680年8月，伦敦总公司派遣"巴拿帝斯顿号"前来东方，船上装有运往台厦的火药200桶、毛瑟火枪6箱。

（8）棉毛制品。英国棉毛制品种类繁多，运来台湾的，以 longcloth、percallaes、salampores、morees 为多，不过这些制品在台湾及厦门的销路一直不佳。

（9）生丝及丝绸。中国大陆出产的生丝、丝绸为欧洲人冀望的物品，明郑从中获利不少。1670年，克利斯布报告称，在台湾购买的货物，生丝每比克尔250比绍，锦缎单幅者5.25比绍、双幅者7.5比绍，缝衣绢线3.75比绍，府绸2.75比绍，丝绒4.5比绍，彩缎2.5比绍。这些货品带到日本能以高价售出，例如锦缎10比绍，府绸6.5比绍，彩缎8比绍，丝绒20比绍。1672年，代尔博报告言，开往万丹的"实验号"，装运的货物有锦缎22匹，价值165元，府绸中等者250匹，价值562.3元，彩缎49匹，价值159.15元。而当厦门商馆开设时，伦敦总公司希望能够在当地采购到生丝，"台湾号"等受命购买生丝1.2万件。

（10）牛尾药。牛尾药是台湾土产，据克利斯布报告云，在台湾，牛尾药的价格为9比绍，但是在日本可以卖到50比绍。"实验号"装货中亦有牛尾药7.25比克尔，价值42.3元，该船的目的地是马达拉斯。1675年，达喀尔的报告言，台湾牛尾药比不上从广东运来的良好及整齐，这批货物已经是他们见过最好、最低廉的了，台湾商人允诺卖给自己五大包，但是无法买到更多数量。

（11）生姜。生姜在台湾虽然可以购得，但是常常缺货。代尔博报告言，公司所要收买的货物中，不能在台湾市场上买到的有生姜、大黄。1675年，达喀尔报告说，他们所能买到的中国生姜，都已经寄奉，但是湿生姜没有从台湾运来的。生姜在万丹可能与在台湾一样好且廉价。

（12）胡椒。胡椒是东南亚货物，郑氏将此转售中国大陆。据克利斯布报告称，郑氏要求英方每年携来黑胡椒300比克尔，价格定为每比克尔7比绍。1676年，"飞鹰号"尚未抵达以前，有一只中国船从万丹开到台湾，另外还有两只从暹罗、一只从粤南来的船，这些船上都载有胡椒。因此，"飞鹰号"带来的胡椒经过很长时间都没有办法出售。当时胡椒的价格很高，英国人希望在三个月内，可以用每比克尔9或10比绍价格全部出清。

（13）其他东南亚货物。以万丹为中心，英国人收集东南亚货品运来厦门及台湾，以此换得生丝、丝绸、铜等货物而归。这类货物有白檀木、豆蔻皮、肉豆蔻、丁香、肉桂、苏木、爪哇藤、没药、药草、乳香、樟脑等。其中的白檀木，郑氏于1670年签订协议时，要求英方每年运来100比克尔。

（14）琥珀。琥珀为官员显要及商贾所喜爱，所以明郑要求英方每年运来若干琥珀。

（15）明矾。1672年"实验号"回程时，装货单中有明矾82件，价值492.3元。

（16）茶。1672年，"实验号"开往万丹时，装货中有茶5比克尔，价值65元，而当厦门商馆开设后，公司鼓励每年采购100

元的茶。①

　　明代中后期以来，西方殖民者开始向东方拓展势力，谋求在东方贸易的权益。但是当时的东南沿海商人们，勇于面对来自西方的挑战，特别是到了郑芝龙时期和郑成功时期，东方海上贸易的权益，基本上还是控制在中国沿海商人的手里。这一局面的形成，充分说明了明清时期中国沿海商人的世界性眼光与敢于接受世界性挑战的性格与决心。可惜的是，随着明郑的失败与王朝的更替，中国东南沿海商业受到了沉重的摧残，从此以后，东方贸易的权益，开始逐渐向西方殖民者方面转移，清王朝则在对外关系的决策上，日趋保守。

---

　　① 赖永祥：《台湾郑氏与英国的通商关系史》，载《台湾文献》1965 年第 16 卷第 2 期。

后　　记

《台湾通史》六卷本的出版，是各位热心台湾历史文化学术研究的同仁们通力合作的成果。在此，我要向以下参加本书撰写的各位先生，致以衷心的感谢！

第一卷：宋光宇（台湾"中研院"）、刘慧钦（厦门大学）、刘益昌（台湾"中研院"）

第二卷：陈启钟（龙岩学院）

第三卷：王尊旺（福建中医药大学）、李颖（闽江学院）、庄林丽（福建工程学院）

第四卷：林国平（闽南师范大学、福建师范大学）、马海燕（闽南师范大学）

第五卷：王日根（厦门大学）、苏惠苹（闽南师范大学）

第六卷：施沛琳（闽南师范大学）、赵庆华（天津外国语大学）

全书台湾少数民族部分：徐泓（南开大学、厦门大学）

福建人民出版社编辑在承担本书出版的过程中，付出了艰辛的劳动，对此，一并致以衷心的感谢！

陈支平

图书在版编目(CIP)数据

台湾通史.第二卷,明郑时期/陈支平主编;陈启钟著.--福州:福建人民出版社,2020.11(2022.1重印)

ISBN 978-7-211-08102-8

Ⅰ.①台… Ⅱ.①陈… ②陈… Ⅲ.①台湾—地方史—明代 Ⅳ.①K295.8

中国版本图书馆 CIP 数据核字(2019)第 246912 号

台湾通史·第二卷·明郑时期
TAIWAN TONGSHI · DIERJUAN · MINGZHENG SHIQI

作　　者：	陈支平　主编　陈启钟　著		
责任编辑：	莫清洋　赵　玮		
美术编辑：	白　玫		
出版发行：	福建人民出版社	电　　话：	0591－87533169（发行部）
网　　址：	http://www.fjpph.com	电子邮箱：	fjpph7211@126.com
地　　址：	福州市东水路76号	邮政编码：	350001
印　　刷：	上海中华印刷有限公司		
地　　址：	上海市青浦区汇金路889号、889号7幢B区、C区		
开　　本：	700毫米×1000毫米　1/16		
印　　张：	14.5		
字　　数：	188千字		
版　　次：	2020年11月第1版		2022年1月第2次印刷
书　　号：	ISBN 978-7-211-08102-8		
定　　价：	58.00元		

本书如有印装质量问题,影响阅读,请直接向承印厂调换。

版权所有,翻印必究。